「現金給付」の経済学

反緊縮で日本はよみがえる

井上智洋 Inoue Tomohiro

NHK出版新書
653

はじめに

２０２０年、日本に住むほとんどの人が10万円の現金を政府から受け取った。当初、収入が減少した世帯にのみ30万円を給付するという案が閣議決定されたが、取り下げられたのである。多くの国民が、全国民に一律10万円を給付する案のほうを支持したからだ。

これは二つの意味で革命的である。一つは、国民が強く要求すれば、閣議決定すら覆《くつがえ》るということだ。もう一つは、困っている人だけを救済するような従来型の経済政策が疑わしいとされるようになったことだ。

聡明な人たちは、「全員に給付して、金持ちからはあとで税金をとればよい」と指摘した。まったくその通りであり、その考え方は「ベーシックインカム（ＢＩ）」という社会保障制度に通じている。

ＢＩは、生活に必要な最低限のお金を国民全員（国内の居住者全員）に給付する制度だ。例えば、月に7万円とか10万円というお金を、政府から国民全員に給付する。

これまで日本では、ＢＩの基本的な思想である、すべての人々を救済するという「普遍主義」は受け入れられにくい傾向にあった。人工知能（ＡＩ）がもたらす失業や貧困が世に蔓延《まんえん》し始めるのが２０３０年くらいで、そのころになってようやくＢＩが不可欠だと認識されるようになると私は予想していた。

だが、コロナ危機が時代を10年早送りした。ＡＩによる失業や貧困が一般化するずっと前に、新型コロナウイルスによる失業や貧困が人々に脅威を与えている。その結果、ＢＩ導入が不可欠だと思う人が世界的に増え始めている。

先に触れた10万円の一律現金給付は、一時的なＢＩと位置付けることができる。ＢＩ的思考を、人々は無意識の内にではあるが、受け入れつつあるということだ。

ＢＩの基本的な思想は「普遍主義的」であると述べたが、一方で生活保護のような既存の社会保障制度は、救済に値《あたい》する者としない者を選り分ける「選別主義的」な制度である。

「選別せずにすべての貧しい人を救済すべきだ」という考えに同意する人であっても、ＢＩは金持ちにもお金を配るから無駄が生じてしまうと考えるかもしれない。

だが、貧しい人だけに給付する制度は不公平を生む。例えば、年収100万円以下のすべての人に84万円（月7万円）を給付する制度を導入すれば、年収100万1円の人は何の給付も受けられない。たった1円の収入の差で84万円近くも割を食ってしまうのだ。

より公平な制度は、すべての人々にお金を給付する制度、つまりBIだ。お金持ちを支援する必要がないのであれば、増税とセットで導入すればよい。すなわち、所得が多ければ多いほど徐々に負担が大きくなるように増税するのである。

もっとも、BIの導入に際し、大幅な増税が不可欠かというとそうではない。そもそも、政府の予算そのものに制約があると考えるべきではないだろう。

「お金は使ってもなくならない」と言うと多くの人が驚くかもしれないが、これは当たり前の話だ。私が買い物をしてお金を使うと、店なり企業なりがそのお金を得ることになる。

誰かの支出はほかの誰かの収入になるというわけだ。お金がこの世から消えてなくなるわけではない。「金は天下の回りもの」という諺《ことわざ》の意味する通りである。

だから、政府が国民にお金を配ること自体は国全体にとって何らの損失にもならない。

それに対して、まったく役に立たない道路や橋をつくれば、一部の企業や業者は潤《うるお》うかもしれないが、労力が無駄に使われるのだから国全体にとっては損失となる。だからこそ、景気のコントロールは公共事業ではなく、現金給付によって行われるべきである。

お金を石油や石炭といった天然資源のように、使ったらなくなると思っている政治家が少なくないが、それはまったくの間違いだ。それどころか、金や銀といった貴金属のように希少な資源だと考えるのも間違いである。

政府(中央銀行)は、言わば「お金を製造する機械」を持っていて、無からお金をいくらでも生み出せる。逆に生み出せないとすると、一体どこからお金が湧いて出るというのだろうか？　鉱山で採掘してくるような代物ではないのである。

麻生太郎《あそうたろう》財務大臣は、2013年の講演で「国はいよいよになって金が無くなったらどうすればいいか？　簡単です。刷ればいい。ね？　簡単だろ？」と正論を述べており、私は優れた見識の持ち主だと感心した。

正確な言い方ではなく、あくまでもイメージだが、政府は紙幣を印刷して生み出せるので、いくらでも支出することができる。もちろん、無際限に支出すれば過度なインフレになるだろう。したがって、支出は過度なインフレにならない程度にする必要がある。

しかしながら、長らく日本経済はデフレに悩まされてきた。デフレから脱却してほどほどのインフレになるまで、政府支出を増やしたり、減税したりするのは、むしろ必要なことではないだろうか？

そうすると、政府の「借金」は増大するが、これは逆に言えば、政府の「借金」なくしてデフレ脱却はあり得ないということである。つまり「財政不健全化」こそが、正義なのである。

財政に関する考え方は、抜本的に変えられる必要がある。政府が財政健全化などという愚《おろ》かな考えに浸っている限り、「失われた30年」は「40年」にも「50年」にもなるだろう。財政健全化は、亡国への道と言っていい。


平成の30年間は、はじめから終《しま》いまでほとんどが経済停滞に覆われていた。その間、家計の消費意欲や企業の投資意欲、政府の支出意欲、そして起業家の野心が失われた。

バブル期に自由な生き方としてもてはやされたフリーターは、困窮《こんきゅう》する非正規雇用者となり、サラリーマンになることが若者のあこがれにすらなった。子どもは夢見ることを早々と諦めて公務員志向を高め、大人たちも子どもに夢を見させようとはしなくなった。

経済成長が低迷し、労働者の実質賃金が下落し、生活水準が下がったが、それだけではない。この国は、文化も科学技術力も衰え、目下二流国家を目指して驀進《ばくしん》中だ。

日本の衰退を止めるには、「反緊縮政策」を実施するしかない。これは政府支出を引き締めるのとは逆の政策だ。科学技術や教育、防災、インフラの整備に、政府が積極的に支出するだけでは不十分だ。

国民に対して膨大なお金をバラまいて、需要を喚起し、緩やかなインフレ好況状態をつくり出し、それを持続させる必要がある。それ以外に長らく続いた経済停滞から、速やかにかつ完全にオサラバし、この国をよみがえらせる方法はおよそ見当たらない。

国民全員に現金を給付するＢＩのような制度は、人々の生活を支えるだけでなく、日本再興の切り札にもなり得る。本書が、まさに日本再興のための一助となれば幸いである。

「現金給付」の経済学——反緊縮で日本はよみがえる　目次

第3章　政府の「借金」はどこまで可能か

校閲　金子亜衣
図版作成　手塚貴子
DTP　佐藤裕久

第1章　コロナ不況と経済政策

1　大切なのは経済か、命か

「経済か命か？」

新型コロナウイルスの第一波が猛威を振るいつつあった2020年3月末から4月の初頭にかけてのことを覚えているだろうか。「経済より命」といったことが盛んに叫ばれ、政府は早く緊急事態宣言を出すようにとの要求が国民の間に巻き起こったのである。

しかし、十分な補償もなしに緊急事態宣言を出して飲食店を閉めさせれば、多くの店が潰《つぶ》れて失業者が増大し、自殺者が増えるだろうと私は危惧《きぐ》していた。

というのも、本来天秤《てんびん》にかけるべきなのは、

経済（金《カネ》）か命か

ではなく、

経済（命）か健康（命）か

であると考えていたからだ。

一般的な会社員や、私のような教員など安定的な職業に就《つ》く人たちの多くは、緊急事態宣言がもたらす破壊的な効果には無頓着《むとんちゃく》であった。

そこで、私は警鐘を鳴らすべく、4月6日、緊急事態宣言が出される前日に、

お店のオーナーの人に聞くと、人件費と賃料がなんとかなればお店を閉めても生き延びられると言っている。緊急事態宣言が出れば人件費は払わずに済むようになるかもしれない。政府は賃料を補償すべきでは？　そうでもしないと、東京中の美味《おい》しいお店が軒並み潰れて戦後の焼け野原みたいになる。


とツイッターに投稿した。

ただし、「人件費は払わずに済むようになる」というのは間違った情報だった。緊急事

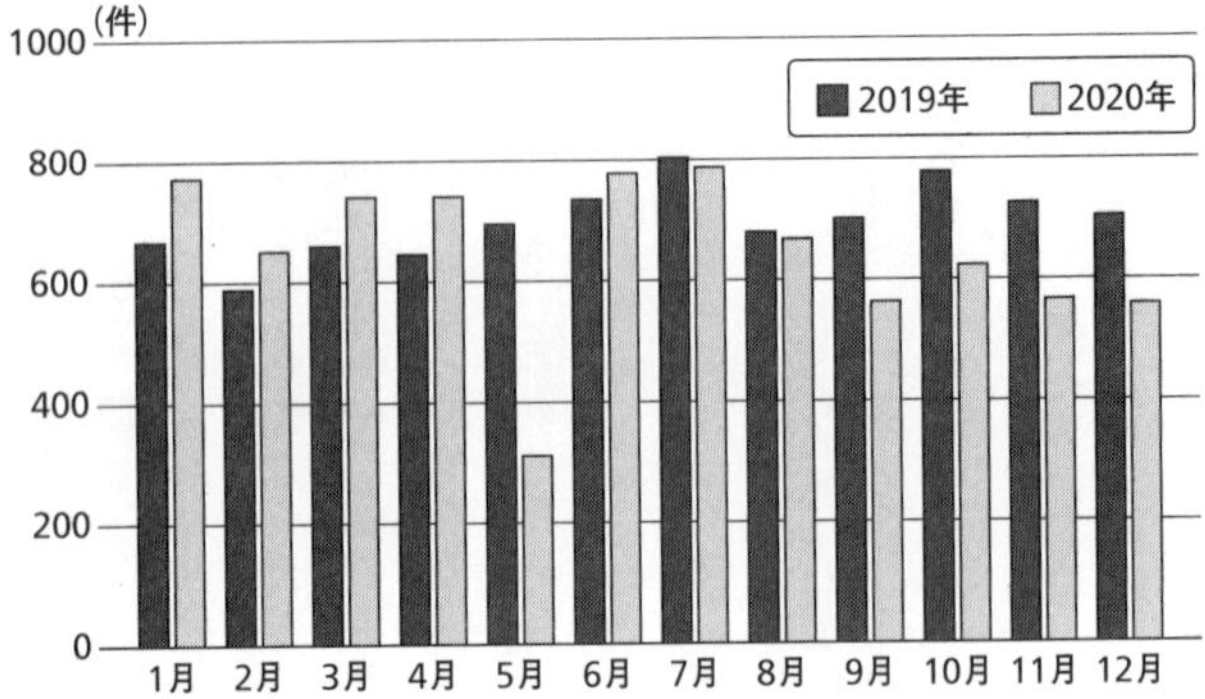

図表1–1　2019年と2020年の倒産件数　出所：東京商工リサーチ

態宣言が出されたら、企業は従業員に対し休業手当（会社の都合で従業員を休ませた時に支給する手当）を払わなくて済むという噂《うわさ》が流れていたが、そうではなかった。

いずれにしても、ただ「飲食店の店主が自殺に追い込まれる」と言っても他人事のように感じる人が多いだろうから、「美味しいお店が軒並み潰れる」というように、他人事ではなく自分たちも損害を被《こうむ》るのだと警告を発したのである。

とは言うものの、緊急事態宣言が早くも5月25日に全国で解除され、また政府からの支援もあったため、この期間の倒産や廃業は結果的にそれほど多くなかった。

図表1−1は2019年と2020年の月毎の倒産件数を表している。2020年5月の倒産件

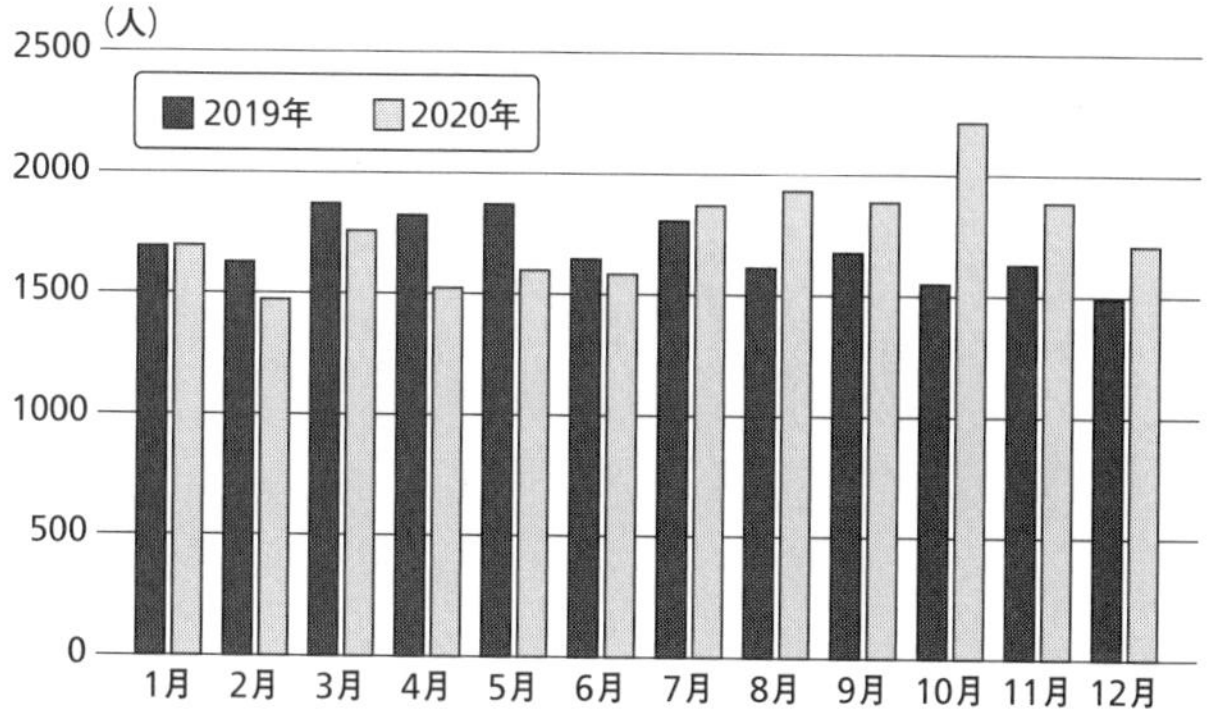

図表1–2　2019年と2020年の自殺者数　出所：警察庁

数が著《いちじる》しく少ないのは、コロナの影響で裁判所が倒産手続きをあまり受け付けていなかったからだ。それでも6、7月の倒産件数は2019年と比べてさほど変わらないので、倒産が劇的に増えたとは言えない。

4月に、とんかつ店の店主が、先行きを悲観したために油を全身にかぶって火をつけて亡くなるという大変痛ましい事案が起きたが、それ以外にコロナによる自殺のニュースを聞くこともなかった。自殺者が増大したのは、その年の後半に入ってからである。

図表1–2は、2019年と2020年における月毎の自殺者数を表している。4、5月は、自殺者数が前年比でかなり減っているのがわかるだろう。倒産や廃業、失業がそれほど増大していな

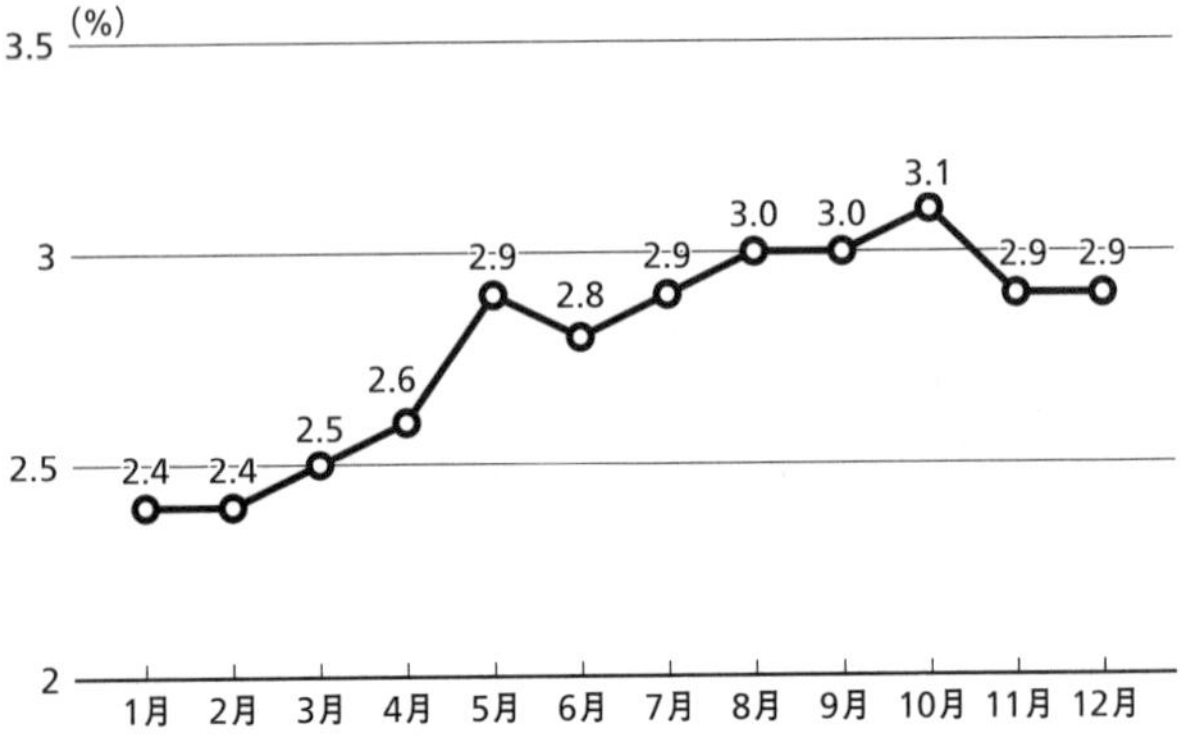

図表1–3　2020年の完全失業率の推移　出所：総務省統計局

いことを踏まえると、これは一般的なビジネスパーソンが出勤することのストレスから解放されたことなどが理由として考えられる。

実際、この時の緊急事態宣言下で、私が大して動きもしないのにチーズやナッツなどを食べてコロナ太りした一方で、私の姉はコロナ痩《や》せしたと嬉しげに語っていた。会社で働くことから生じる様々なストレスが消滅して、食べてストレスを発散する必要がなくなったからだという。

あるいはまた、災害時には人々の気分が高揚し解放的になることが知られている。「災害ユートピア」という現象があって、災害時に人々のそうした心持ちゆえに善意が発揮されて、日常にはないような助け合いがなされることをいう。

だが、災害が日常化されれば高揚感も解放感も失われていく。家にいてばかりであれば、そのうち鬱屈《うっくつ》した気持ちが勝ってくるだろう。

それに緊急事態宣言解除後も、「日常」が戻ってきたわけではなかった。相変わらず「ウィズコロナ」の状態が続いており、次第に失業は増大していった。図表1-3は2020年の完全失業率の推移である。

図表1-2と照らし合わせると、失業率の高まりとともに、自殺者も増大していることがわかる。2020年で最も失業率が高かったのは10月だったが、自殺者数も最も多くなっており、前年同月の1・4倍ほどにのぼっている。

これだけを見ても、「経済か命か」という問いの立て方がいかに的外れだったかがわかるだろう。

長期不況の始まりかもしれない

アメリカでは失業率が、2020年4月に14・7%にまで跳ね上がったが、10月には6・9%まで低下した。もともと解雇規制の緩いアメリカでは、失業率は変化しやすい。

日本では、逆に解雇規制が厳しいため失業率は変化しにくいが、その分企業が休業者を抱え込むことになる。そして、休業者はいつでも失業者に転換する可能性があるから、潜在的な失業者と言える。

グラフにはないが、休業者が一番多かったのは2020年4月の597万人であり、失業者の3倍以上に相当する。10月には170万人にまで減っているが、12月にはまた増えている。

休業者数は、2020年末から21年初頭にかけてのコロナの感染拡大に伴って再び増大しているが、感染状況の落ち着きに伴って減少するだろう。しかしその一方で、企業がひとたび廃業・倒産すれば、その従業員はそのまま失業者となる。

企業の倒産は、1回目の緊急事態宣言後も持続化給付金や雇用調整助成金、家賃支援給付金、緊急融資制度などによって抑えられてきた。図表1-1のように、2020年7月から12月にかけての倒産件数は前年よりも減少しているくらいだ。

だが、持続化給付金や家賃支援給付金は1回きりのもので、2021年の2月15日に受けつけを終了した。1月8日に出された2度目の緊急事態宣言では、時短要請に応じた飲食店には1日最大6万円の感染拡大防止協力金（協力金）が支払われ、飲食店の取引先などには最大60万円の一時金が支給されることとなった。

しかし、それらの給付金で十分な事業者（個人事業主、企業）もあれば、焼け石に水という事業者もある。例えば、都内屈指の繁華街である六本木に店を構える居酒屋が10人の従業員を抱えていたとして、1日6万円の協力金でしのぐのは難しいだろう。

金融機関からの融資にも限界があるので、今後も経営不振が続くならば、融資を受け続けるよりも廃業したほうがよいという判断もなされ得る。したがって、人々がワクチンの普及まで、飲食店や旅行、買い物に行くのを控えれば、その間企業の廃業・倒産は増大し続けることになる。

では、ワクチンが普及してコロナ危機が収束すれば、経済のV字回復が見込めるだろうか？　それは政策次第だろうが、現状のままであれば、おそらくGDPの推移はV字ではなくL字を描くだろう。すなわち、長く深い不況がこれから訪れる可能性が高いのである。

問題は生産性ではない

図表1－4は、各国の実質経済成長率の予測値である。2020年の予測を見ると、日本は、人口当たり23倍ほどの死者数を出しているアメリカよりも成長率が低い。

2020年12月のBSフジのテレビ番組で、私はデービッド・アトキンソン氏とこの図表をめぐって論争した。アトキンソン氏は、ゴールドマン・サックスで伝説のアナリスト

（単位は%）

	日本	アメリカ	中国	ユーロ圏
2020年	-5.3	-4.3	1.9	-8.3
2021年	2.3	3.1	8.2	5.2

図表1–4　実質経済成長率の予測値　出所：IMF「World Economic Outlook」

だった人物で、現在は政府の成長戦略会議のメンバーでもある。

アトキンソン氏は、日本の成長率が低いのはそもそも生産性が低迷しているからだと言った。生産性というのは統計的には、ＧＤＰ（付加価値の合計）を労働人口（あるいは総労働時間）で割ったものだ。つまり、一人の労働者がどれだけの付加価値を生み出すことができるかを表している。

たしかに、理論的には「生産性が低いのが問題」と言った場合、供給側の要因を指すことが多い。そもそも労働者に効率よく作業する能力がないとか、経営者が効率化を図る経営手腕を持っていないといった状況を意味するのである。アトキンソン氏もこの意味で日本経済の生産性の低さを嘆《なげ》いている。

ところが統計上、生産性は需要側の要因でも変化し得る。例えば、コロナ危機下で旅行者が減ってホテルの売り上げ（正確には粗利を考える）が下がったからといって、労働者の作業をこなす能力が下がるわけではない。だが統計上、一人の労働者が生み出す付加価値は減少する。こういった理論と統計の違いを踏まえないと、生産性に関する議論は混乱をきたす。

戦争や災害を除けば、短期的には供給要因はほとんど変化しない。日本にいる大半の労働者の技能や経営者の手腕が、劇的に向上したり、突然衰えたりすることはないからだ。需要要因は短期的に変化するが、供給要因は長期的にしか変化しないのである。

そして、統計的な生産性と同様に、経済成長率も需要側の要因で簡単に変化する。2020年の成長率が各国とも例年より低いのは、まさに需要要因によっている。

コロナの感染拡大は特に初期のころ、サプライチェーン（供給連鎖、生産活動の工程の連なり）の寸断をもたらし、経済の供給サイドにも打撃を与えたが、その被害は比較的軽微なものに留まった。マイナス成長をもたらした要因のほとんどは、人々が飲食店や旅行、買い物に出かけないといった需要要因である。

供給量が需要量よりも少なくなる「供給不足」の状態に陥れば、インフレ率は上昇するはずだ。だが、図表1-5のようにコロナ危機下でインフレ率は低下し、デフレに舞い戻っているので、日本経済は「需要不足」に陥っていると見るべきだ。

したがって、日本の成長率がアメリカのそれを下回る理由に関しても、需要サイドから

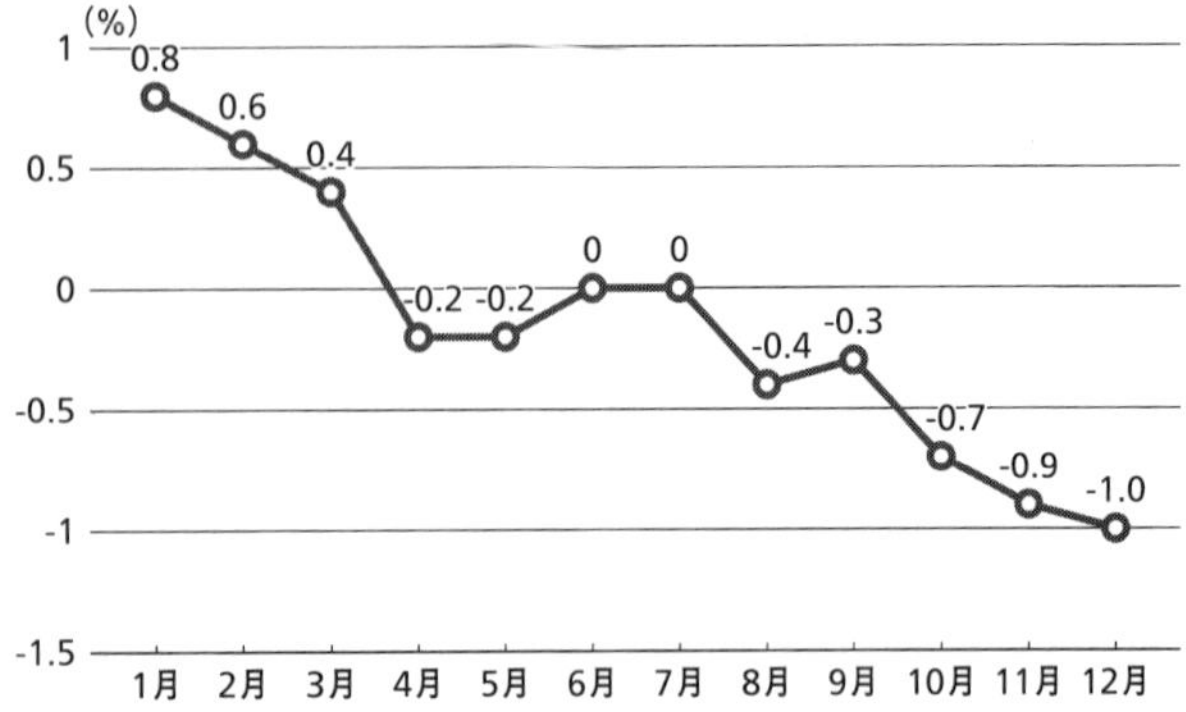

図表1–5　2020年のインフレ率（消費者物価指数、生鮮食品除く総合指数）の推移　出所：Trading Economics

考えるほうが自然である。要するに、日本経済は長く続くデフレ不況により、「需要ショック」に弱い体質になっていたのである。

家計は消費意欲が弱く、企業は投資意欲が弱いので、ちょっとした需要ショックでたちまち需要全体が大きく落ち込んでしまう、ということだ。

例えば、２０１９年は10月の消費増税によって景気を悪化させたために、10～12月期の実質経済成長率が年率換算でマイナス７・１％となった。消費増税は言わば、消費することへのペナルティとして機能するので、消費需要を減少させるショックになり得る。

そしてその増税のあと、コロナ危機が到来して人々が買い物や飲食に出かけなくなったので、景気は悪化の一途を辿った。このように、いまの経済的な落ち込みは、そもそもが需要側の問題から生じている。

したがって、このタイミングで、生産性を向上させるべきだといったような供給側の問題を持ち出すのは的外れだと考えられる。そして、この需要要因の不況は、次に見るように2段階に分けて整理することができる。

一次的不況と二次的不況

コロナの感染拡大に伴う自粛要請等によって、人々が飲食店や旅行に行かなくなり、洋服や自動車も売れなくなって、消費が減少する。これを「一次的不況」と呼ぶことにしよう。

そうした消費の減少によって企業の収益が悪化し、賃金の減少や失業の増大によって家計の収入が減少する。そうすると、お金がないという理由でさらに消費が減少する。加えて、企業も儲《もう》かっていないという理由から投資を控えるようになる。

こうした不況を「二次的不況」と呼ぶことにする。要するに、「二次的不況」というのは家計や企業の減収（収入の減少）によってもたらされる不況を指している。

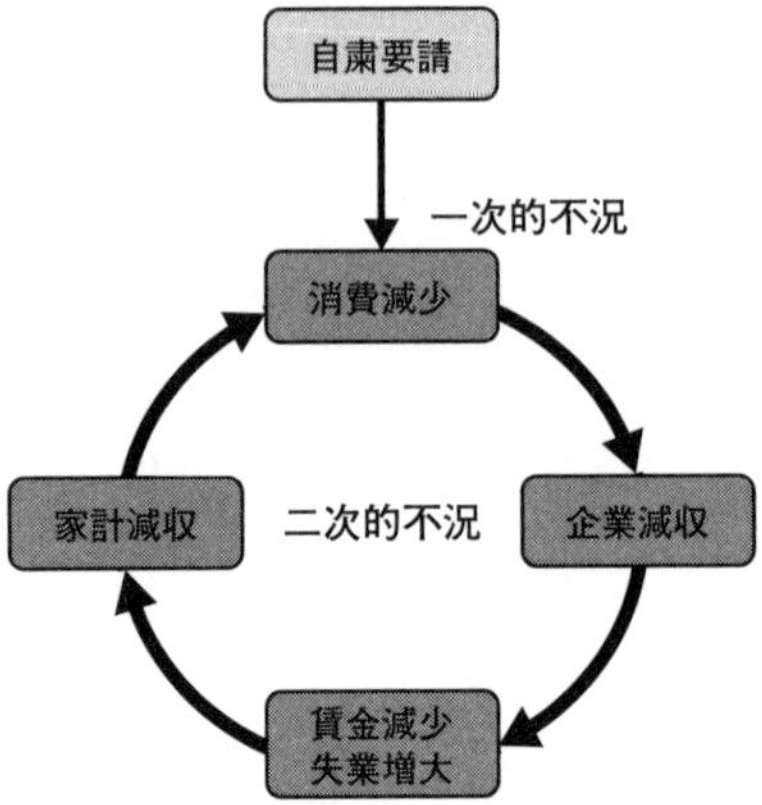

図表1–6　一次的不況と二次的不況

二次的不況にまで至ると、図表１－６のような循環が形づくられるので、不況はスパイラル的に深刻化していき、長期化することになる。

時短営業や自粛要請のような、感染拡大を抑制する政策を実施すれば、一次的不況の発生は避けられない。だとすればコロナ危機下でのマクロ経済政策で重要なのは、二次的不況を防ぐことだ。

二次的不況に至る経路を断ち切るために、「企業に対する支援」と「家計に対する支援」の２点が必要となる。「持続化給付金」や「家賃支援給付金」などは前者に相当し、一律10万円を給付する「特別定額給付金」などは後者に相当する。

いまのところ、これらの支援は十分とは言えない。前述した通り「持続化給付金」や「家賃支援給付金」は２０２１年2月15日まで申請の期限が延長されたが、１回限りのもので終わってしまった。だが本来は、2度目の緊急事態宣言がなされたのだから、これらの支援も2度目の実施が必要だろう。

もっと言えば、家計支援のためには、国民全員（国内の居住者全員）に毎月10万円給付するような政策を実施することが理想的だ。こうした現金給付は、人々の生活の安定を図るために必要なだけではなく、景気を活性化するためにも有効になる。

先に二次的不況について述べたが、仮にコロナ危機が収束しても、失業や収入の激減によって人々の持つお金が乏しくなっていれば、消費需要が増大せずに、日本経済は再び長期デフレ不況に陥ると考えられるからだ。

企業や家計に対し理想的な支援を行おうとすれば、莫大な支出が必要となる。したがって、政府は「借金」をするべきではないという「均衡財政主義」を捨て去らない限り、支援は中途半端に終わり、不況の深刻化と長期化は避けられない。このことは本章の4節でもう一度論じることにしよう。

長期デフレ不況と就職氷河期の再来

振り返ってみれば、平成の30年間はほとんど不況で終わってしまった。1998年（平

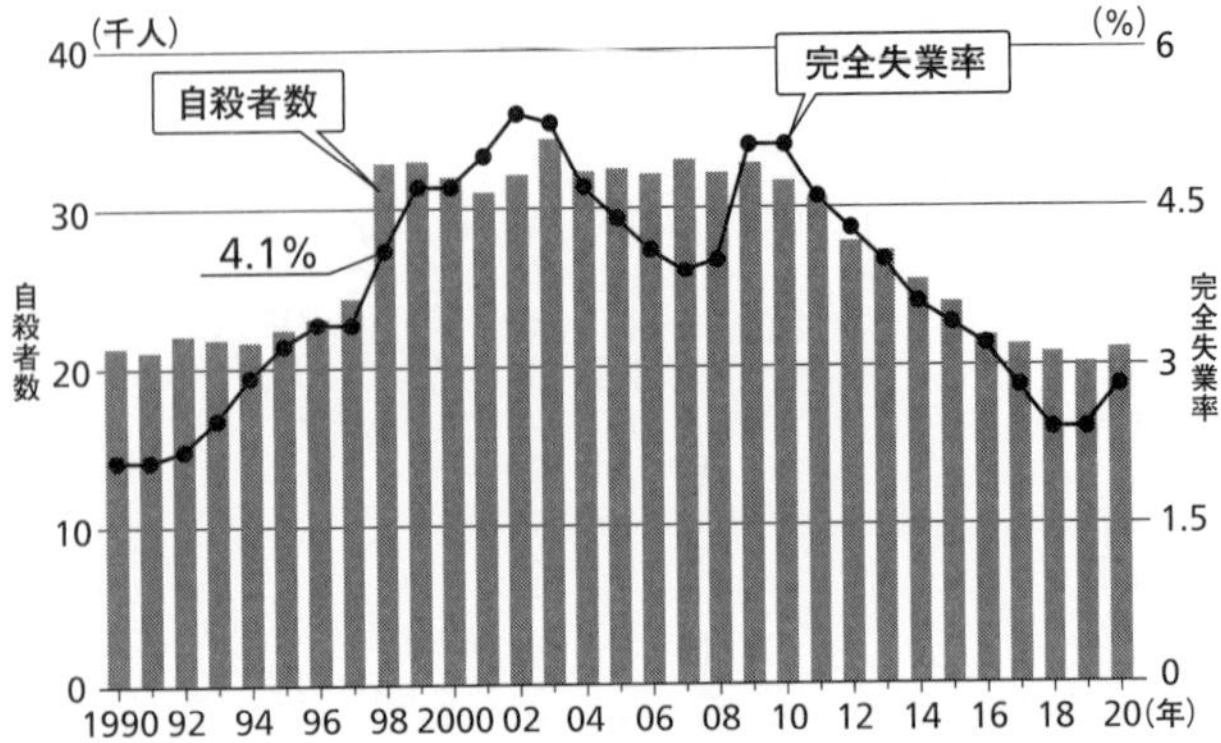

図表1–7　完全失業率と自殺者数の推移　出所：完全失業率は総務省統計局「労働力調査」。自殺者数は2010年以前は警察庁の統計、2011年以後は厚生労働省の統計

成10年）にはデフレに突入し、図表1−7のように完全失業率が4・1％に跳ね上がり、自殺者も急増した。

高校生や大学生などの就職も難しくなり、いわゆる「就職氷河期」が続いた。図表1−8の内定率の推移は、景気変動（GDPギャップ率）と似たような動きをしている。

GDPギャップ率は、「（需要マイナス潜在供給）／潜在供給×100」で表される。この率が高いほど需要が高まっていて、景気がよい状態だ。

特に、GDPギャップ率が2007年まで上昇した後、2008年のリーマンショックにより下落し、2009年に最も低位にあった点に注目してもらいたい。内定率のほうは

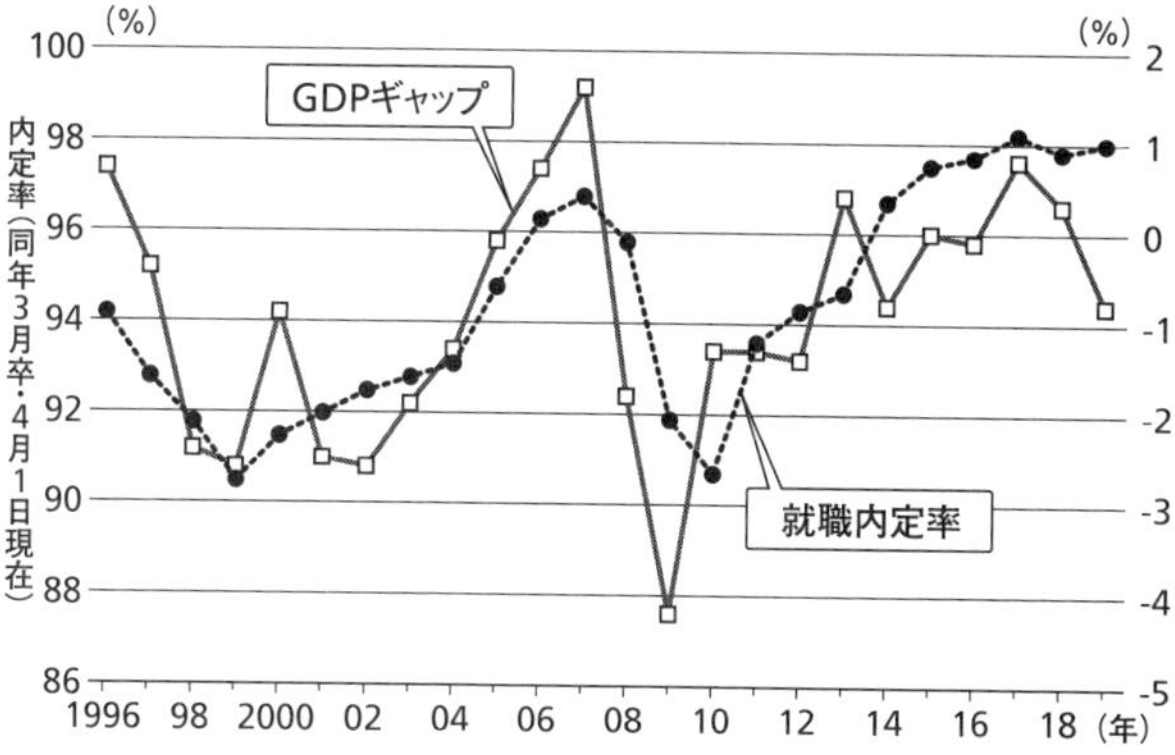

図表1–8　内定率とGDPギャップの推移　出所：内定率はe-Stat。GDPギャップは内閣府「月例経済報告　GDPギャップ、潜在成長率」

2007年まで上昇し2010年に最も低位にあった。遅れを伴っているが、内定率がGDPギャップ率と連動していることがわかる。

図表1－9のようにインフレ率（消費者物価指数、生鮮食品除く総合指数）は、第二次安倍《あべ》政権下の2013年になってようやく0%を超えるようになったが、日銀が定めた目標の2%を持続的に達成することはなかった。デフレからの完全脱却を実現できなかったのである。図表1－5で見たように2020年12月のインフレ率はマイナス1・0%であり、すでにデフレに舞い戻っている。

インフレ率を見るのは、それがある程度景気のバロメータになり得るからだ。失業率は

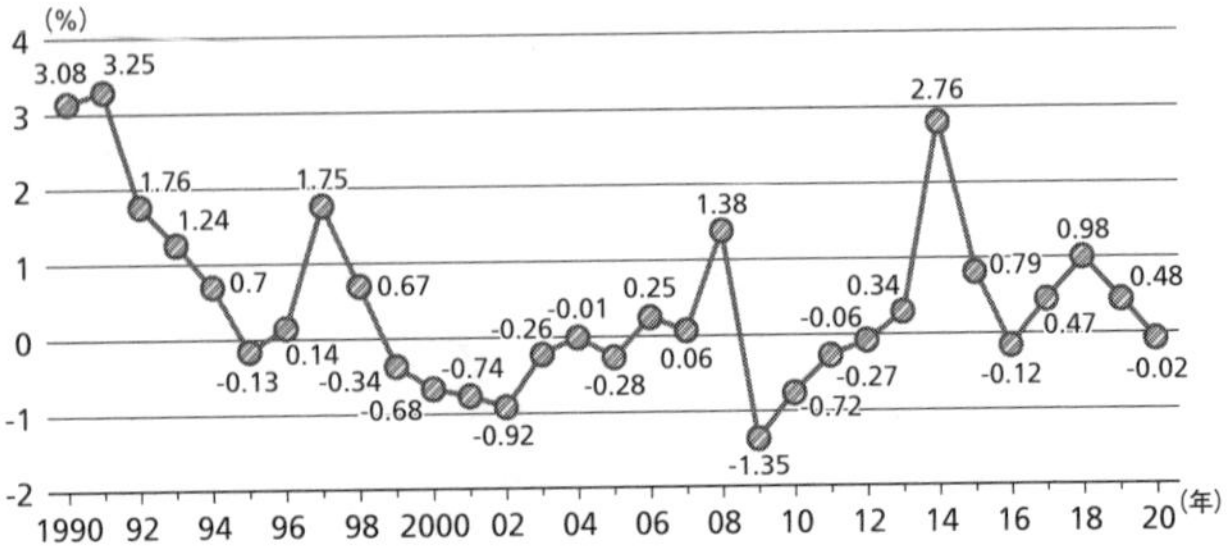

図表1–9　インフレ率（消費者物価指数、生鮮食品除く総合指数）の推移
出所：世界経済のネタ帳「日本のインフレ率の推移」（https://ecodb.net/country/JP/imf_inflation.html）

遅行指標（遅れて変化する指標のこと）であるので、インフレ率が下落すれば、やや遅れてその分だけ失業率も上昇することになる。

このまま政府が二次的不況を防ぐ手立てを十分に取らなかったら、長期デフレ不況が再来し、「失われた30年」は「失われた40年」にも「50年」にもなるだろう。

就職氷河期に高校や大学を卒業した世代は、「ロストジェネレーション（ロスジェネ）」と言われている。ロスジェネはいまでは30代後半から50歳くらいだが、いまだにほかの世代に比べて給料の平均値が低いままで、最も割を食った世代と言える。

就職氷河期に就職活動がうまくいかず、派遣社員として勤務するなどの非正規労働を余儀なくされる人が続出し、その人たちが現在に至るまでいわゆる正社員になれないケースが多いからだ。

このように、日本では高校や大学の卒業年度が生涯賃金を決定づける大きな要因となっている。第二のロスジェネを生まないためにも、過剰と思うくらいの積極財政を実施しなければならない。

2 コロナ危機下の経済政策——コールドスリープせよ

ターゲットを絞った支援の難しさ

人々の生活を安定させるために、そして不況の長期化を食い止めるために、国民全員に毎月10万円を給付するような政策が必要だと前節で述べた。

しかし現実には、2020年4月に成立した第一次補正予算に「特別定額給付金」が盛り込まれ、一度だけ10万円が一律給付されるに留まった。

私はこの政策を支持したが、十分な額ではなかったと考えている。そして2021年2月の段階では、まだ追加の給付はなされていない。

アメリカでは、すでに3回目の現金給付がバイデン政権によって決定されている。給付額は、1回目が最大1200ドル（約13万円）、2回目が最大600ドル（約7万円）、3回目は最大1400ドル（約15万円）だ。

ただし、未成年者は減額されており、給付にあたっては所得制限もある（富裕層には給付されない）。それでも、大胆なバラマキを行っているのは確かで、日本も見習うべきだろう。

日本では、第一次補正予算の予備費によって、困窮する学生に20万円を給付する「学生支援緊急給付金」が手当され、第二次補正予算案には、一人親世帯に5万円を給付する「ひとり親世帯臨時特別給付金」が盛り込まれた。

コロナ危機下で、一人親世帯、特に母子家庭が困窮《こんきゅう》していることは想像に難《かた》くないだろう。その一方で、学生については、親のすねをかじって遊んで暮らしている輩《やから》ばかりだと思っている人もいるかもしれない。

しかし実際には、私の教え子にも生活費をすべて自分で稼いでいる学生がいて、コロナのためにアルバイトを失って苦境に立たされていた。生活費だけでなく学費も自ら稼いでいる苦学生が、稼ぎを失って退学に追い込まれるケースもあるという。一人親世帯はもちろんのこと、このように困窮する学生に対して、前述の給付額は十分とは言えないだろう。

第二次補正予算案は、給付対象となっている家計がほとんど一人親世帯のみであり、支援対象が絞られ過ぎているという問題を抱えている。第二次補正予算案には、例えば、困窮するフリーターをターゲットにした支援は含まれていなかった。* タクシー運転手のように歩合制の敷かれている職業では、コロナ危機によって収入が激減したが、彼らに対する支援もなかった。

このことは、困っている人にターゲットを絞った支援がいかに難しいかを物語っている。政府が想定する困窮者しか救済されないため、必ず救済から漏《も》れる人が出てきてしまうということだ。

すべての困窮者を漏らさず救済しようとするならば、国民全員に給付するしかない。これにはお金持ちにまで給付する必要はないという反論があり得るが、のちに増税する際、お金持ちからより多くとるようにすればいいだけの話である。

そうすれば、結果として収入が一定以下の人のみが純受益(給付額から増税額を引いたものに相当)を得られることになる。そうした点については、次章でさらに掘り下げていくので、本章ではまず事業者(個人事業主、企業)に対する支援を中心に、経済政策を考えることにしよう。

＊フルタイムの従業員が休業を命じられた場合、通常は企業から休業手当が出る。それに対し、パートタイムの従業員の場合は、シフトを減らされる形がとられるので休業かどうかの判断がつきにくく、休業手当が出ない場合も少なくない。そこで、第二次補正予算案に盛り込まれた「新型コロナウイルス感染症対応休業支援金」によって、政府から直接休業手当をもらうことができるようになった。しかし、そのことを知らない人が多く、この制度は総予算の1割強ほどしか利用されていない。実行力を持たない制度であり、フリーターの支援にはさほどつながっていないと言える。

事業体をコールドスリープさせる

「事業の持続」を図るために必要なのは、「コールドスリープ（冷凍保存）」である。つまり、政府が自粛要請によって、いったん経済活動を止めるのであれば、自粛要請を解除したあとに元の活動に戻れるよう、事業体の状態を保存しておく必要があるということだ。

事業者が潰れてしまったら、自粛要請解除後に消費者が財やサービスを買う意欲があって需要側の条件が整ったとしても、財やサービスを売る供給側の条件が整わず、元の経済活動を復活させることはできない。

潰れる事業者があっても放っておけばいい、淘汰《とうた》されるに任せたほうがいいという見解もあり得るだろう。確かに、それが基本的な市場経済の原則だ。

平時ならば、そのような原則が守られるべきだろう。政府が経済政策として行うべきなのは、基本的には日本経済全体の景気をよくするためのマクロ経済政策であり、個々のミクロ的な問題には立ち入らないのが原則である。

加えて政府が救済すべきなのは個人であって、事業者ではない。仮に値段が高くてまずい料理を出す定食屋が潰れそうになったとして、それを逐一政府や自治体が資金援助をしていつまでも延命させ続けることが、健全な経済の営《いとな》みとは思われない。

しかし、国民の生活や国益が大きく損なわれる場合は、そうした原則の例外とすべきだ。例えば、Too Big to Failという言葉があるように、大き過ぎる企業は影響が大きいので、政府は見捨てることができない。これまでにも、ダイエーやＪＡＬは政府の支援によって再建されている(それが妥当かどうかの議論はなお必要だ)。

事業者が、コロナ危機のような未曾有《みぞう》の災害による被害を受けている場合も例外とすべきだろう。ましてや政府が自粛要請をしているのであればなおさらだ。

このような状況下で潰れる事業者は、必ずしも経営努力を怠ったわけではないからだ。安くて美味しい定食屋であっても、手元資金が潤沢でなければ潰れる可能性はある。

ほとんど誰も予想だにしていなかった危機なのだから、危機に備えて資金を十分プールしておくべきだったなどと批判するのも筋違いだろう。

現状の支援制度の問題点

では、具体的にコールドスリープはどのようになされるべきだろうか。それを完全な形で実施するのであれば、毎月の固定費を国が全額負担することが理想だ。しかし、固定費がいくらかかるかを公平に判断するのは難しい。

固定費はおよそ、「人件費」と「家賃」から成っている。人件費のほうは、もともと「雇用調整助成金」という制度があった。会社が社員を休ませた時に、休業手当として、普段の給料の6割は最低でも支給することになっており、雇用調整助成金は、この手当を政府が補助する制度だ。

だが、助成金の額は当初1日当たりの上限が8330円で、かなりの差額分を会社が負担しなければならなかった。2020年6月にようやくのこと、この上限が1万5000円に増額された。

加えて雇用調整助成金の申請はかなり大変で、しかもなかなか審査に通らなかった。2

020年4月末の段階で問い合わせが20万件ほど、申請が2500件ほどあったが、結果的に通ったのは300件弱だった。申請の相談を受ける社会保険労務士が忙殺され、すべての依頼に応じきれないという問題も発生した。

雇用調整助成金を管轄している厚生労働省も国民の不満に応えて手続きを簡略化しようと尽力していたが、そもそもなぜ最初に制度を複雑につくってしまったのか、ということが問われるべきだろう。

「制度を可能な限りシンプルにすべき」という原則を、私たちはもっと意識して共有すべきだ。この原則は、次章の「ベーシックインカム(BI)」に関する議論につながっている。

一方で問題は、事業者のほうにもあった。出勤の記録などをちゃんと帳簿につけていないため雇用調整助成金が申請できないケースもあったという。出勤しているのに出勤していないものとして帳簿を偽造し、雇用調整助成金を不正に受給する行為も一部で横行した。

「家賃」に関しては、当初何の支援もなかったのだが、第二次補正予算案に「家賃支援給付金」が盛り込まれた。これは、単純化して言えば、半年分の家賃の3分の2相当を国が給付するというものだ。

正確には月額賃料が75万円（企業の場合）以下であれば3分の2相当、それを超える場合は超過分の3分の1相当＋50万円を給付、という必要以上に複雑な仕様になっている。

また条件も付されており、「単月で前年同月比50％減少」か「連続する3ヶ月の合計で前年同期比30％減少」のいずれかに当てはまる場合となっている。

支援制度をいかに整えるべきか

なぜ条件付きの制度が問題かというと、条件をクリアするために不正を働く人がどうしても出てきてしまうし、条件をクリアしているかどうかを判断するための審査に、時間とコストが掛かってしまうからだ。

次章で見るように個人に対してはBIという形でシンプルな制度を構築できるが、事業者向けにBIのような制度を構築するのは難しい。というのは、個人とは異なり、事業者そのものには実体がないからだ。

個人が子どもを産んだとすれば、私たちはその子どもたちが無事に育つように政府が支援すべきだと考えることができる。だが、ペーパーカンパニーという形で企業をいくら増やしたとしても、その企業が潰れないように政府が保護すべきだとは誰も考えないだろう。

また、支援は事業者の規模に応じて行わないと十分な効果が得られないのだが、その規模をどのようにして測るかという問題もある。

持続化給付金は、中小企業については最大200万円と設定されているが、一口に中小企業と言っても、その規模はさまざまである。200万円という金額は、雇っている従業員が少なかったり、使っている設備が小さかったりする小規模の企業にとっては十分であっても、それより大きな中規模の企業にとっては十分でないかもしれない。企業規模に応じた給付にはなっていないのである。先に見たように飲食店に支払われる1日6万円という協力金も、同様の問題を抱えている。

残念ながら現在のコロナ危機については、これまでの政策の延長上で、適宜足りないものを充実させていくしかないだろう。しかし今後起こり得る、コロナ危機同様の感染症の蔓延や未曾有の災害に備え、事業者に対する支援制度を整えておく必要がある。

今回のように、危機が起こってから泥縄式に支援策をこしらえるのであれば、対応が遅くなる可能性があるからだ。

例えば、従業員の数に比例させて「15万円×従業員数」をあらゆる企業に無条件に給付するなどの案が考えられる。

日本全体の従業員数は約4000万人なので総額約6兆円になるが、特別定額給付金の13兆円と比べても小さいくらいだ。今回のコロナ危機であれば、数回実施してもよかったのではないだろうか。もちろん、地域を限定すればもっと少ない額で済む。

この制度では従業員の数で事業者の規模を測るとともに、事業者という実体のないものを従業員という実体のあるものに落とし込んでいる。何をもって従業員と見なすかは簡単ではないが、労災保険や厚生年金保険に加入しているかどうかが一つの判断基準になり得るだろう。

もちろん、非常時にこのような従業員数に応じた一律給付制度だけで、事業者の救済が十分図られるとは限らない。今回実施されたような家賃支援給付金や協力金のような制度も合わせて導入する必要がある。

しかし、こうした事業者向けBI的制度をあらかじめ準備しておけば、複雑で使いにくい支援制度をあれこれとこしらえる必要も少なくなる。

苦境に陥ったあらゆる事業者をピンポイントで支援するのは難しい。だが、事業者向け

ＢＩ的制度が導入されれば、さらなる支援を必要とする事業者は限られてくるので、支援の狙い撃ちが容易になるという点も見過ごせない。

同様に、家計に対する現金給付が十分になされるのならば、「ＧｏＴｏキャンペーン」のような支援も、もっと縮小したシンプルな形で実施できたかもしれない。

3　ＧｏＴｏキャンペーンの是非を問う

ＧｏＴｏキャンペーンには安全宣言が必要だった

ＧｏＴｏキャンペーンとは、旅行や飲食などの需要を喚起する政策であり、主にＧｏＴｏトラベルとＧｏＴｏイートが実施されている。これによって潤った飲食店、旅行業者、そして消費者も多いだろう。

私も利用してこんなにお得なのかと驚いたほどだ。確かに経済効果が大きくて相対的に優れた政策と言えるが、ベストな政策かというと議論の余地があるし、運用の仕方にも問題があった。

まず、ＧｏＴｏキャンペーンを実施するには、コロナの感染拡大が完全に収束していないまでも、安全に飲食店や旅行に行けるような状況になっていなければならない。そういう状況になったら、政府は「もう安全に飲食店や旅行に行けるので、手洗い消毒をするといったガイドラインに従いつつ、どんどん出掛けてください」と呼びかけるべきだ。もしそうした安全宣言ができないのであれば、ＧｏＴｏキャンペーンを実施するに足る状況ではないということになる。

実際には、２０２０年７月に安全宣言をしないままＧｏＴｏキャンペーン（ＧｏＴｏトラベル）を開始するなど、政府の対応はちぐはぐだった。緊急事態宣言は２０２０年５月に解除されていたが、だからといって国民は積極的に旅行や外食に行っていいものやらいけないものやら、明確な判断が付かなかったのである。その分だけ、ＧｏＴｏキャンペーンの効果は減じられてしまったと言える。

逆に言えば、安全宣言を行えばＧｏＴｏキャンペーンを実施しなくても、ある程度は客足が元に戻るはずだ。加えて、国民全体に対する現金給付を行えば、さらに飲食店や旅行に出かける消費者を増やすことができる。

コロナ危機下で飲食店や旅行に行く消費者が減る原因は、基本的には、

・感染する、あるいは感染を広げる不安がある
・お金がない

の二つだけだ。そのため真っ先にこの二つを解消すべきであり、その具体的な政策が「安全宣言」と「現金給付」なのである。

これらの政策を十分に行わずに、ＧｏＴｏキャンペーンのような政策を拙速に実施することが望ましいとは思われない。

GoToキャンペーンの問題点①

ＧｏＴｏキャンペーンがベストの政策ではないと述べたが、それは具体的にいくつかの問題を抱えているからだ。その問題は、「煩雑」「硬直的」「不公平」の３点にまとめられる。

「煩雑」というのは、事務手続きなどが面倒で労力が掛かるということだ。ＧｏＴｏキャンペーンの利用者側は、ホテルや飲食店の予約をネットで行えば、簡単に割引サービスが

受けられる。

問題は、事業者側の負担である。ホテルの場合、利用者の名前や居住地などさまざまな情報を報告書にまとめてGoToトラベル事務局に提出しなければならない。

また、宿泊時や予約時に発行される地域共通クーポンは、紙クーポンの場合、利用された店側が半券をとっておいて、換金の際に提出する必要がある。電子クーポンの場合はその手間を省けるが、スマホの扱いに慣れていない高齢の利用者などへの対応に苦慮することになる。

「硬直的」とは、変化に対応させづらいということで、ここでは感染状況に応じて急に一時停止や中止をするのが難しいことを意味する。

事実、政府は感染拡大のため、2020年12月14日にGoToキャンペーンの一時停止を発表し、飲食店やホテル・旅館に混乱を巻き起こすとともに、多大な負担を負わせた。

私たちはいま、「ウィズコロナ」と「アフターコロナ」とをはっきりと分けることのできない混乱状態を生きている。ついこの間まで感染が縮小していたかと思えば、急速に拡大を始めたりする。

政府が政策を実施するうえで重要なのは「コミットメント」である。つまり約束をしてそれを守るということだ。約束を違《たが》えてしまったら政府への信用が失われるし、それは例えば利用客を見込んで仕入れた食材が無駄になるといった損失を生む。

したがって、コミットメントを重要視するならば、GoToキャンペーンの突然の停止などはあってはならないことになる。その点を指して硬直的と言っている。それでも、多くの感染被害が予想されるならば急停止を検討しなければならず、難しい判断を迫られる。

なお、GoToトラベルが感染を著しく拡大させたという証拠はなく、その是非については今後も議論が必要だということは付け加えておきたい。

2021年1月、感染症の専門家で京都大学教授の西浦博《にしうらひろし》氏らの論文にもとづき、GoToトラベルが感染を拡大させたという報道がセンセーショナルになされた。

だが、この論文の問題点が、経済学者で経済産業研究所(RIETI)上席研究員の中田《なかた》大悟《だいご》氏と、経済学者で明治大学准教授の飯田泰之《いいだやすゆき》氏によってすぐに指摘されている。

GoToキャンペーン開始直後の7月22日〜26日における観光由来の感染者は、西浦論文が示すように開始前1ヶ月平均の5・7〜6・8倍になっている。

その6・8倍という数字が広く報道されたが、7月22日〜26日が4連休を含むので、実際には観光由来によるものとそうでないものとを問わず、ただ感染が拡大しただけではないかと飯田氏は推測している。

その証拠に、GoToキャンペーンの利用が増えた8月における観光由来の感染者数は、開始前1ヶ月平均の水準より下がっているという。西浦論文が、GoToトラベルによる感染の拡大を実証できているわけではないと見てよいだろう。

GoToキャンペーンの問題点②

GoToキャンペーンの問題点の一つである「不公平」とは、まずお金持ちばかりが得をするということだ。例えば、GoToトラベルならば、宿泊費の35%が割引されるのに加え、15%分の地域共通クーポンをもらうことができる。したがって、上限はあるものの、高いホテルに泊まれば利用者はそれだけ多くの便益を享受できる。

逆に本当に貧しい人は旅行や飲食店に行くことすらできないので、この制度によって何の利益を得ることもできない。また、貧しくなくても旅行や外食に興味のない人は利益を得られない。

それから、いわゆる「情報弱者」と呼ばれる人たちは、GoToキャンペーンをどのように利用すればいいのか、利用することによってどれだけ得をするのかをそもそも知らない。実際、私自身も開始から数ヶ月以上経った2020年11月までよくわかっていなかった。「情報強者」に有利な制度と言えるだろう。

また、GoToトラベルならばJTBや楽天トラベルなどの旅行会社、GoToイートならぐるなびや食べログなどの飲食店予約サイトが主に利用されている。

さらにGoToイートでは、予約サイト側が飲食店から手数料を徴収していることが問題となった。特定の大企業を儲けさせているという意味でも不公平が生じているのである。

ただ、こうした問題があるからGoToキャンペーンを実施すべきではなかったと言いたいわけではない。何も実施しないよりは、したほうがよかった。およそどんな制度でも「煩雑」「硬直的」「不公平」といった問題は、多かれ少なかれ抱えているからだ。

「煩雑」「硬直的」「不公平」を免《まぬか》れうるのは、国民に対する一律現金給付のみだ。だから、まずは安全宣言とともに現金給付を行うべきだった。それでも、客足が十分に戻らないのならば(戻らないことが予想されるならば)、それぞれの業種にあった支援を行うべきだ。

その支援が、たとえGoToキャンペーンのような形をとることになったとしても、安全宣言と現金給付を行ったうえであれば、その分だけ縮小して実施できただろう。そうすれば、特定の業者を儲けさせる不公平や、急にキャンペーンを停止した時の損失なども小さくなったはずだ。

GoToキャンペーンのほうが効果が高いか？

これに対して、現金給付よりもGoToキャンペーンのほうが「レバレッジ効果」(小さな費用で大きな効果をもたらすこと)があるという主張も散見される。例えば、1兆円のお金を国民に直接給付するよりも、1兆円分を飲食店やホテルの利用の際に補助して割引させたほうがより消費を促進する効果があるというものだ。

その主張自体は間違いではないが、だからといって現金給付よりGoToキャンペーンのほうが優れているとは言えない。確かに、政府の予算が限られているという前提の下では、GoToキャンペーンのほうに軍配が上がる。

ところが、第3章で詳しく論じるように、自国通貨を持つ国の政府は、自前でお金をつくることができるので、本質的には徴税や「借金」によって、他所《よそ》から資金を調達する必要はない。政府支出に資金源としての制約はなく、制約をもたらすのはインフレのみである。

そして消費を促進する政策は、何であれインフレ率を上昇させる可能性がある。逆に言えば、過度なインフレにならない限りは消費を促進する政策を続けられるということだ。したがって、現金給付の消費促進効果が弱いのであれば、さらに多くの現金給付を行うことで解決できる。ＧｏＴｏキャンペーンと同等の効果が得られるまで現金給付を続ければいい。

もちろん、現金給付は消費需要全体を押し上げ、ＧｏＴｏキャンペーンは飲食店やホテルなどの利用に限ってピンポイントで消費需要を増大させるというように、政策の効果は異なる。しかし、それは消費を促進する上でどちらがより効果的かという議論とは別の問題だ。

4　反緊縮で日本はよみがえる

政府の「借金」を増やすなという批判

家計に対する支援にしろ、企業に対する支援にしろ、十分に行おうとすれば、莫大な予算を必要とする。政府の「借金」をこれ以上増大させるべきではないので、大胆な支援は実施すべきではないといった批判は当然あり得るだろう。

２０２０年度の新たな借金額、つまり「国債発行額」は過去最大の１１２兆円超となった。これまで積み上がってきた政府の「借金」の総額、つまり「債務残高」は１２００兆を超える。

債務残高で世界1位なのはアメリカだが、ＧＤＰに対する債務残高の比率では日本が２６６％（２０２０年）でトップだ。財政破綻の危機に瀕《ひん》したギリシャの２０５％をゆうに超えている。

それゆえ、日本もギリシャ同様に財政破綻するのではないかと考える人が経済学者の中にも多い。ところが、ギリシャはユーロ圏に属していて自国通貨を持たないが、日本は円という自国通貨を持っている。

これは日本政府・日銀は、円という通貨をつくることのできる、言わば「通貨製造機」を有しているということを意味している。それゆえ、日本をギリシャと同列に扱って政府の借金を返せなくなるというのは、根本的には倒錯した思考なのである。

この問題については、第3章で詳しく扱うので、ここでは政府が「借金」して支出を増大させることが、いかにいまの日本にとって必要であるのかを論じておこう。

反緊縮とはどのような思想か

本章では、ここまで現金給付の必要性を述べてきた。仮に現金給付を十分に行った場合、コロナ危機が完全収束して自由に外食や旅行ができるようになった時に、消費需要が一気に増大し、物価が上がる可能性がある。

コロナ後に物価が上がると聞くと、インフレを心配する読者もいるかもしれない。だが、日本経済はそもそもデフレ不況に長らく苦しんできたわけで、ほどよいインフレを目指してきたはずだ。

日本がデフレから長らく脱却できなかった根本要因は、政府が世の中に出回るお金の量を増やさなかったことにある。どんどんお金を世の中にばらまかないと景気はよくならないし、デフレ脱却は実現できない。

ところが、政府には「緊縮主義」と呼ばれるような、お金を全然使わない体質がしみついている。政府内でも閣僚によって温度差があるが、全体としては財政規律を守らないといけないというスタンスを捨てきれていないように見受けられる。

だが、いまはウイルスとの「戦争」をやっているのだから、負けて国が滅ぶよりは「借金」を抱えても生き残ったほうがいいに決まっている。この戦時に「財政規律が〜」とか

「政府の借金が〜」などと言っている閣僚はクビにしたほうがいい。

「ウイルスとの戦争に勝つ」というのは、単に感染を抑えることだけではなく、倒産する企業や失業者、それから生活苦を理由に自殺する人などを生み出さないことを意味する。

実際、均衡財政主義の経済学者や政治家でも、半分ぐらいの人は、いまの状況を重く見て、一時的に「借金」をしてでも多くの支出を行うべきだという立場に変わっている。しかし、残り半分は相変わらず財政規律が大事だと言い、病的に均衡財政にしがみついている。

政府内にも緊縮主義者がかなり多く、そして発言力を持っている。マスコミはもうほとんど緊縮主義にどっぷりつかっていると言ってもいいだろう。

2020年の12月21日に2021年度予算案が閣議決定され、一般会計総額が約106・6兆円、新規国債発行額が約43・6兆円の見込みとなった。その翌朝の大手新聞の社説はいずれも「財政規律が緩んでいる」といった論調だった。

緊縮の反対語である「反緊縮」は、財政支出の増大を肯定する立場であり、私は明確にこの立場をとっている。いまの日本で最も意味のある政治的な対立軸は、緊縮か反緊縮かといったものだろう。

右翼か左翼かという対立軸は古いだけでなく、日本では見せかけの対立軸であることが多い。右翼や左翼といった言葉は多義的だが、右翼を自国や自国民を重んじる立場として、左翼を貧困層や労働者に寄り添う立場として位置付けるとしよう。そうすると、両者は両立できてしまう。要するに、右翼であり、かつ左翼であることは可能なのだ。

にもかかわらず、日本では自国や自国民の利益を重んじる立場の人たちを攻撃する「反右翼」が左翼と呼ばれがちだ。さらに、そのような「反右翼」を攻撃する人たちは、右翼と呼ばれがちだ。

という私の説明を読んで、意味がわからないと思った読者が少なくないだろう。要するに、この対立軸は現代の日本ではほとんど意味をなしていない。攻撃的な衝動を抱えた人たちが、わら人形のような敵をわざわざこしらえて互いに叩き合っているに過ぎないのである。

それに対し、緊縮か反緊縮かは日本の命運を分けるような対立軸だ。私は、反緊縮の立場をとらない限り、日本はお先真っ暗だと考えている。どうお先真っ暗なのかは、第4章で論じることとする。

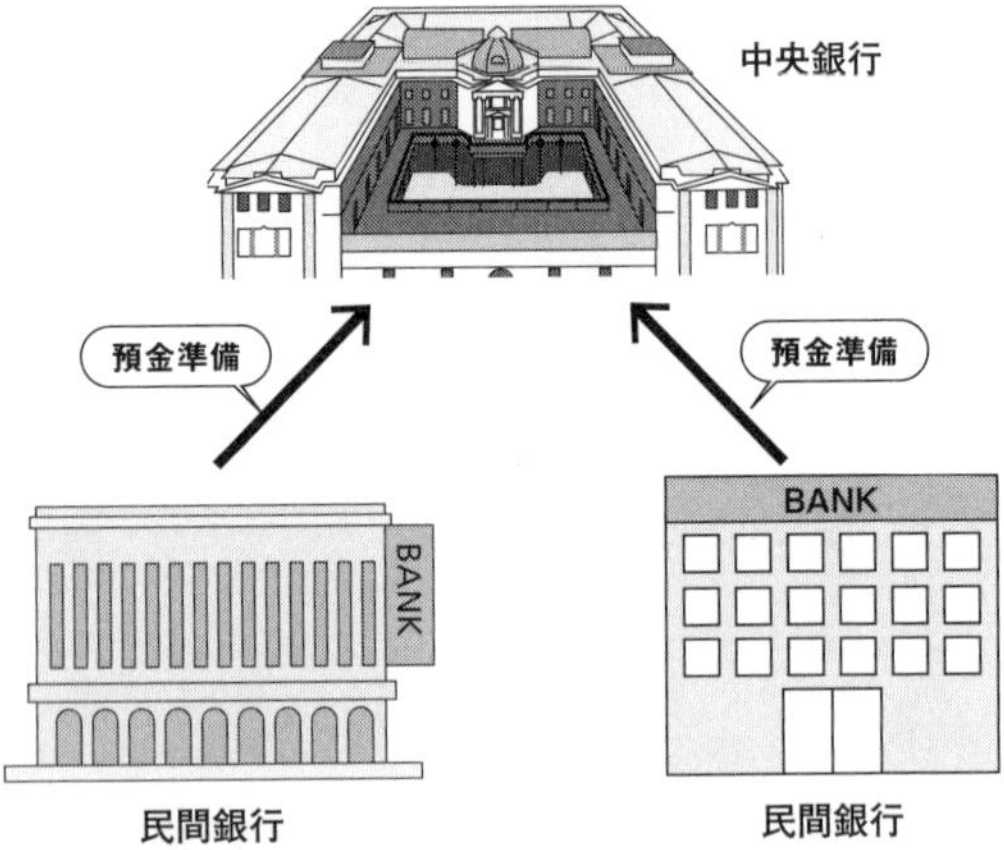

図表1–10　民間銀行が中央銀行に預けているお金が「預金準備」

アベノミクスの最大の失敗

アベノミクスの3本の矢は、「金融政策」「財政政策」「成長戦略」から成り立っていた。だが、実際に大きな効果を持ったのは、1本目の「金融政策」だけだった。

金融政策には、金利を上げたり下げたりする「金利政策」と、「預金準備」の増大に狙いを定めた政策である「量的緩和政策」がある。預金準備というのは、日本では民間銀行が日銀当座預金に預けているお金だ。

図表1－10のように、私たちが民間銀行に預金しているのと同様に、民間銀行は中央銀行にお金を預けていて、そのお金が預金準備である。

1999年以降、ゼロ金利下で金利を下げ

るような政策を実施し難くなったので、この量的緩和政策がとられるようになった。実際に行われているのは、図表1－11のように、日銀（中央銀行）が民間銀行の保有する国債を買い入れて、その分のお金を供給する「買いオペレーション（買いオペ）」である（民間銀行はお金を供給された分だけ、預金準備を増やすことができる）。

ゼロ金利下でこの買いオペを行っても本来は効果がないはずだ。なぜなら、金利ゼロの国債は基本的には貨幣と同じだからだ。似たようなものを交換してもほとんど効果が得られない。

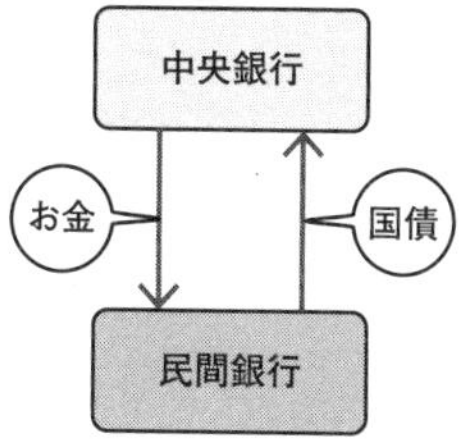

図表1–11　中央銀行は「買いオペレーション」によって、民間銀行の持つ国債を買い入れ、その分のお金を供給する

ところが、この量的緩和政策は期待に働きかければ効果を持つこともある。「期待に働きかける」というのは、この場合、人々に望ましい予想を抱かせるということだ。

もともとは、人々に「日本はインフレになる」という予想を抱かせるのが、アベノミクス下での量的緩和政策である「異次元緩和」の狙いだったはずだ。

だが、実際に起きたことはこれとは異なっている。預金準備が増大するというニュースを耳にした投機家が、「お金がジャブジャブ⇒円安になる」と予想して円売りに走り、実際に円安になった。

単純な理屈の上では、ゼロ金利下で預金準備が増大したからといって、円安になるというメカニズムはあり得ない。要するに、偽薬でもプラシーボ効果（有効な成分が入っていないのに、入っていると信じることで効果を持つ現象）を持ってしまうのと同様に、人々が円安になると思い込めば「予言の自己成就」的に円安になるのである。

加えて、この異次元緩和が企業経営者や消費者のマインドを改善する効果もあっただろう。あったとしてもこれも偽薬効果ということになるし、消費マインドのほうは早くも2014年の消費増税で冷え込んでしまった。

アベノミクス下で積極財政（つまり反緊縮的な財政）のスタンスがとられたのは、最初の1年（2013年）だけだ。翌年からは政府支出は抑制され、消費増税も実施されて緊縮路線に転換した。この緊縮路線への転換が、アベノミクスの最大の失敗である。

必要なのはヘリコプター・マネー

ゼロ金利下で量的緩和政策を実施しても、民間銀行が日銀に預けているお金「預金準備」がジャブジャブになるだけだ。世の中に出回るお金「マネーストック」を直接ジャブジャブにすることはできない。

マネーストックは、預金と現金から成り立っていて、要するに私たちが持っているお金のことだ。預金準備は私たちが持つことのできる普通のお金ではなく、銀行しか持つことのできない特殊なお金である。

マネーストックを直接増やすことができるのは、金融政策ではなく財政政策だ。したがって、マネーストックを増やしてゆるやかなインフレ好況状態をつくり出せるのは、金融政策というよりも財政政策なのである。

「マネタリーポリシー（Monetary Policy）」は「金融政策」と訳されるが、ゼロ金利下でとることができる貨幣的な政策（世の中に出回るお金の量を増減させるような政策）は、中央銀行が行う金融政策というよりも政府が行う財政政策なのである。

そして、例えば現金を直接国民に給付するような財政政策によって、インフレ好況状態を長く維持することができれば、長期的な成長率も上昇してくるだろう。この論点を含めて第4章で詳しく論じるが、要するに財政政策こそが最大の成長戦略でもあるというわけだ。

財政政策と言っても、景気回復のために必要でもないダムや橋をつくるような公共事業を増大させるべきだと主張したいわけではない。逆に、必要な橋をつくるとか、トンネルが崩壊しないように修繕するといったことは、景気がよかったとしても怠るべきではない。

景気が悪いからと言って、雇用をつくり出すためだけの無駄な公共事業を行うべきではないし、国民のウェルフェア(厚生、便益)を増大させられる公共事業であれば、景気のよしあしにかかわらず実施すべきということだ。

公共事業の景気刺激策としての効果を全面否定するわけではないが、そもそもそれがマクロ経済政策の主軸であってはならないのである。

不況時に積極的な財政・金融政策を実施すべきだという立場は、「ケインズ主義」とか「ケインジアン」と呼ばれている。この呼称は、歴史上最も著名な経済学者の一人であり、マクロ経済学の創始者でもあるジョン・メイナード・ケインズの理論にもとづいている。

私がとっているスタンスは、公共事業中心の「オールド・ケインジアン」ではなく、金融政策中心の「ニュー・ケインジアン」でもない。イメージ的に言うと政府・中央銀行がお金を刷って家計にばらまくような政策を提案している。

こうした政策を経済学の用語で「ヘリコプター・マネー」と言う。このヘリコプター・マネーこそをマクロ経済政策の主軸にすべきというのが私の考えであり、このスタンスを

「第三のケインズ主義」と言うことができる。

政府は成長戦略の観点からもっと研究開発や教育に支出すべきであるが、それとは別に国民に広くお金をばらまいて消費を喚起する必要がある。ヘリコプター・マネーこそがコロナ危機下の国民生活を守るためにも、長期的な日本の経済成長のためにも必要なのである。そして、バラマキの具体的な方法は、ベーシックインカムとして制度化すべきであろう。そのことを次章で詳しく述べていきたい。

第2章　なぜ、ベーシックインカムが必要か

1 現状と歴史はどうなっているか

コロナ危機とベーシックインカム

コロナ危機下で注目を集めている社会保障制度がある。国民全員（国内の居住者全員）に生活に必要な最低限のお金を給付する制度で、一般に「ベーシックインカム（基本所得、Basic Income、ＢＩ）」と呼ばれている。

例えば、月に7万円といったお金が、政府から国民全員に無条件で給付されるのである。ただし、7万円程度であれば一人暮らしの場合、それだけでは生活が難しいので、生活補助金というニュアンスが強い。

このＢＩは主要国ではまだ本格的な導入がなされていないが、コロナ危機下でがぜん注目を集めるようになった。

２０２０年3月にイギリスのジョンソン首相がＢＩを検討すると述べた。ただ、その後ジョンソン首相がコロナに感染して入院したためか、政府内での話し合いが進んでいる様子はない。

ローマ・カトリック教会のフランシスコ教皇は、4月のイースター（復活祭）の場で、BIの導入を世界に向けて提言した。

日本では6月に、経済学者で東京財団政策研究所研究主幹の小林慶一郎《こばやしけいいちろう》氏が、1人当たり毎月10万〜15万円のBIの導入を提唱した。小林氏は現在、コロナに関する政府の「基本的対処方針等諮問《しもん》委員会」の委員に起用されている。

9月には経済学者でパソナグループ取締役会長、東洋大学教授の竹中平蔵《たけなかへいぞう》氏がテレビ番組で月7万円のBI導入を唱えて物議をかもした。

BIに関する議論が活発になってきたばかりでなく、BI的な制度を実際に導入した国もある。それはスペインで、2020年6月に「最低所得保障」という新たな社会保障制度を導入した。

この制度では、一人暮らしの成人には462ユーロ（約6万円）が毎月給付され、家族が一人増える度に、139ユーロ（約1万8000円）が追加給付される。ただし、対象は貧困層約250万人に限定されており、本格的なBIとは言えない。

ほかにも各国でコロナ対策の一環として、国民にお金を給付する政策が導入されている。前章で見たように、アメリカではすでに3回目の現金給付（約15万円）が決定された。香港では、18歳以上のすべての市民に1万香港ドル（約14万円）が給付されている。日本でもご存知のように、希望する居住者全員に10万円を給付する「特別定額給付金」が実施された。

これらは、1回（あるいは数回）限りの給付であり「一時的なＢＩ」として位置づけられる。だが、この度のコロナ危機をきっかけに「恒常的なＢＩ」を導入しようという機運は高まっている。今後、社会保障制度は様変わりするかもしれない。

ベーシックインカムはネオリベ的か？

先ほど竹中平蔵氏の発言が物議をかもしたと述べたが、竹中氏がテレビ番組で述べたＢＩ論は、既存の社会保障制度をほとんど全廃するものであるかのように受け止められた。そのため、ネットや雑誌などで「ＢＩは棄民《きみん》政策である」とか「これは本当のＢＩではない」といった多くの批判が浴びせられた。

番組内で竹中氏は「生活保護が全部不要になるとは言いません」と補足していたものの、その場でもネオリベ的で過激な主張と受け止められたようで、番組に出演していた朝日新聞社の編集委員である原真人《はらまこと》氏にも「新自由主義的な発想のほうにウエイトがかかっているなと思います」と指摘されている。

「新自由主義（ネオリベラリズム、ネオリベ）」というのは、市場経済を重視するとともに小さな政府を志向し、社会保障制度を切り捨てる傾向のある政治経済思想のことだ。

竹中氏の真意がどこにあるのかはさておき、「ＢＩはネオリベ的だ」と否定的に受け止められたことについて、私は大変残念に思っている。

そもそもＢＩについてはいくつかのタイプに分けることができ、社会保障制度との関連で分類すると、

・代替型（ネオリベ型）　既存の社会保障制度を全廃する
・中間型（取捨選択型）　社会保障制度のある部分は残して、それ以外は廃止する
・追加型（反ネオリベ型）　既存の社会保障制度をすべて残す

の三つに分けることができる。

小沢修司《おざわしゅうじ》氏、山森亮《やまもりとおる》氏、原田泰《はらだゆたか》氏、そして私といった、ＢＩに関する著述のある日本の学者はおよそ、中間型か追加型を主張している。一方で、竹中平蔵氏や実業家の堀江貴《ほりえたか》

文《ふみ》氏などの著名人の言うＢＩは、代替型と見なされがちである。

このようにＢＩは社会保障制度と租税をどう組み合わせるかによって、さまざまなアレンジメントが可能であり、したがってＢＩを一括《ひとくく》りにして賛成とか反対とか言っても雑な議論にしかならない。

「ネオリベ的ＢＩは真のＢＩではない」という言い回しも正しくないだろう。だからと言って、逆に「ネオリベ的ＢＩがそもそものＢＩである」という言い方も適切ではない。20世紀以前には、ＢＩらしき制度の提案は社会保障制度の議論とは別個になされてきた。竹中氏の発言が炎上する前から「ＢＩはそもそも社会保障制度を全廃するものだ」という書き込みをネット上で多々見かけたが、どうもＢＩの起源に関する間違った見解が、流布《るふ》しているようである。

そこで、社会保障制度とＢＩの歴史を簡単に振り返っておきたい。

社会保障制度とベーシックインカムの起源

近代的な社会保障制度は、１６０１年にイギリスで制定された「エリザベス救貧法」に始まるとされている。ただし、その法律下では、本当に労働不可能な者は救済された一方

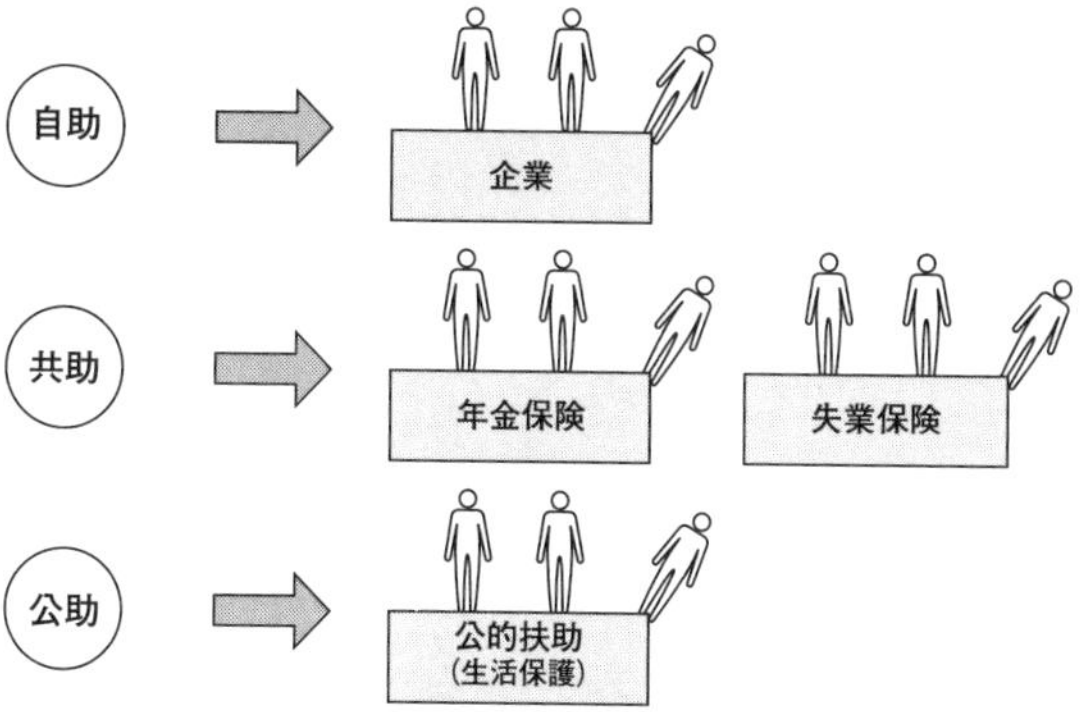

図表2–1　現代的な社会保障制度のあり方（傾いている人物は、制度の網から漏れる人を表す）

で、労働可能と見なされた者は懲治院《ちょうじいん》（労役場）に収容され強制的に働かされた。

年金保険や労災保険といった社会保険は、19世紀のドイツでビスマルク首相によって導入されている。その後、「社会保険」と生活保護のような「公的扶助」を組み合わせた現代的な社会保障制度が、1942年にイギリスの政治家ベヴァリッジが発表した「ベヴァリッジ報告書」によって整備された。

この報告書によって、図表2–1のように、年金保険や失業保険といった社会保険によって老齢や失業といった人生におけるさまざまなリスクをカバーし、それでも応じ切れない場合に生活保護のような公的扶助で救済するというヴィジョンが示されたのである。

菅義偉《すがよしひで》首相は2020年9月の自民党総裁選出馬の際に「自助、共助、公助」という理念を掲げたが、これはそのまま現代の社会保障制度のあり方を示している。

図表2-1のように、私たちはまず企業などで働いて自分で生計を立てる努力をし(自助)、それが難しい場合には保険という形で互いに助け合い(共助)、それでも生活していけない場合には生活保護などの救済を受ける(公助)。ただし、現実には生活保護というセーフティーネットの網の目から漏れる人々が多数存在している。

BIの歴史は、以上のような社会保障制度の歴史の流れから逸脱している。BIのアイディアは、16世紀イギリスの思想家トマス・モアに遡《さかのぼ》れるという見解もあるが、居住者全員に定期的に現金を給付することを初めて提案したのは、18世紀イギリスの思想家トマス・スペンスである。

スペンスは1797年に出版した『幼児の権利』で、土地代から得られる税金を財源にして、お金を年に4回ほど、老若男女を問わず居住者全員に均等に給付する制度を提唱した。

19世紀になってからもベルギーの社会主義者ジョゼフ・シャルリエやイギリスの哲学者ジョン・スチュアート・ミルなど多くの論者が、BIと同様の制度の導入を主張した。

だが、マルクス主義とは異なり、ＢＩを提唱したことで有名な思想家や、ＢＩに関する代表的な著作は現れなかった。そのため、ＢＩに関する議論は持続的に継承されることがなく、現れては消えていき、忘れたころにまた現れた。

20世紀のベーシックインカム論

ＢＩの現代的な起源は、クリフォード・ヒュー・ダグラスが提唱した「国民配当」と、ミルトン・フリードマンが提唱した「負の所得税」にある。ダグラスは、ＢＩ的制度の提唱者として知られるイギリス生まれの経済思想家であり、フリードマンはノーベル経済学賞を受賞したアメリカの経済学者だ。

ダグラスは、１９２４年に『社会信用論』で、テクノロジーの進歩によって生産性が向上すると、供給に対して消費が追いつかなくなり、需要不足が生じると論じている。そして、その需要不足を解消するために、国民のおよそ全員に「国民配当」として、お金を給付することを提案している。

フリードマンが１９６２年の著作『資本主義と自由』で提唱した「負の所得税」は、低所得者がマイナスの租税、つまり給付が受けられる制度を指す。あとで見るように、負の所得税とＢＩは似たような制度である。フリードマンは右派の経済学者であり、これを理由に負の所得税やＢＩに反対する左派の論者は少なくない。

ネットで流布していたＢＩの起源に関する勘違いというのは、フリードマンをＢＩの最初の発案者と見なすところから生じていたようだ。だが、すでに見たようにＢＩの起源はもっと古くに遡ることが可能であり、フリードマンの負の所得税はあくまでも現代的な起源の一つに過ぎない。

「ベーシックインカム」という名前そのものは、１９８６年に設立された「ベーシックインカム欧州ネットワーク(Basic Income European Network, BIEN)」の発展とともに世に広がっていった。

これは、ＢＩに関する国際的な議論を促進する組織であり、２００４年には「ベーシックインカム世界ネットワーク(Basic Income Earth Network, BIEN)」と改名しているが、組織名の略称はＢＩＥＮのままだ。

ＢＩＥＮは、1年に1回(２０１６年までは2年に1回)国際会議を催しており、私も何度か足を運んでいる。ＢＩＥＮに所属するメンバーの多くは、代替型ＢＩについては否定的であることを付け加えておきたい。

実現に向けた取り組み

すでに述べたように、ＢＩは未だ主要国で本格的に導入されたことはない。だからと言って、まったくの夢物語というわけではなく、ここ数年、欧米を中心に、実現に向けたさまざまな取り組みが盛んになっている。

オランダでは、ユトレヒトなどいくつかの都市でＢＩの試験的な導入が進んでおり、アメリカではシリコンバレーのベンチャーキャピタルであるＹコンビネータが、大規模な社会実験を行っている。そのほか、カナダやインド、ケニア、ウガンダなど、世界各国でＢＩに関する実験が行われてきた。

フィンランドは、社会保険庁（ＫＥＬＡ）がＢＩ導入に積極的であり、その要請に応える形で、政府がＢＩの実験を行った。２０１７年1月から２０１８年末までの2年間に、抽選で選ばれた失業者２０００人に対して月５６０ユーロ（約7万円）を給付したのである。生活上の振る舞いを観察し、失業給付受給者と比較するためだ。

その結果、ＢＩ受給者のほうが、より幸福度が高くストレスが少なかったが、労働意欲はさほど変わらないことがわかった。政府は、失業給付よりもＢＩのほうが労働意欲を高められると期待していた。だが、期待通りの結果が得られなかったので、フィンランドはいまＢＩの導入には向かっていない。

スイスでは、アーティストのエノ・シュミットらの呼びかけによって、ＢＩ導入を図る憲法改正案に約12万筆の署名が寄せられ、２０１６年６月にこの改正案は国民投票にかけられた。

この改正案には、給付額は記されていなかったが、月額２５００スイスフラン（約29万円強）の給付が高額過ぎるとの誤解が蔓延した。そのため政界や財界からは経済が崩壊してしまうのではないかという懸念が表明され、反対派からは移民が殺到するとの指摘がなされた。そうした反対意見が強くなったことで、この改正案は結局否決されたが、その後、ＢＩに関する議論はむしろ活発になっている（Standing 2017）。

2　ベーシックインカムと「自助・共助・公助」

ＩＴによる格差の拡大

ここ数年のＢＩ論議の高まりの背景には、ＡＩブームがある。私はかねてより、ＡＩ時代にはＢＩの導入が不可欠になると主張してきた。

２０１６年に上梓《じょうし》した拙著『人工知能と経済の未来』でそうした主張の一端を示し、２０１８年の『ＡＩ時代の新・ベーシックインカム論』で全面展開した。

ＡＩによって雇用が減り、格差が拡大するので、最低限の生活を保障するためにＢＩが不可欠になるというわけだ。アメリカではすでにＩＴによって中間所得層が従事する職業が雇用崩壊を起こし始めており、格差が拡大している。

図表２－２において、０％の線よりも上にグラフが伸びているのは雇用の増大を示しており、下にグラフが伸びているのは雇用の減少を示している。

すなわち、低所得と高所得の職業では雇用が増大しているのに対し、中所得の職業では雇用が減っているのである。経済学では、このような現象は、労働市場の「両極化(Polarization、ポラライゼーション)」と呼ばれている。

なお、アメリカで雇用が減っている事務職というのは、例えばコールセンターや旅行代理店のスタッフ、経理係だ。

日本ではどうかというと、アメリカほどではないにせよ、やはり、図表２－３のように両極化が起きている。それゆえ男性については図表２－４の左側のような所得分布の変化

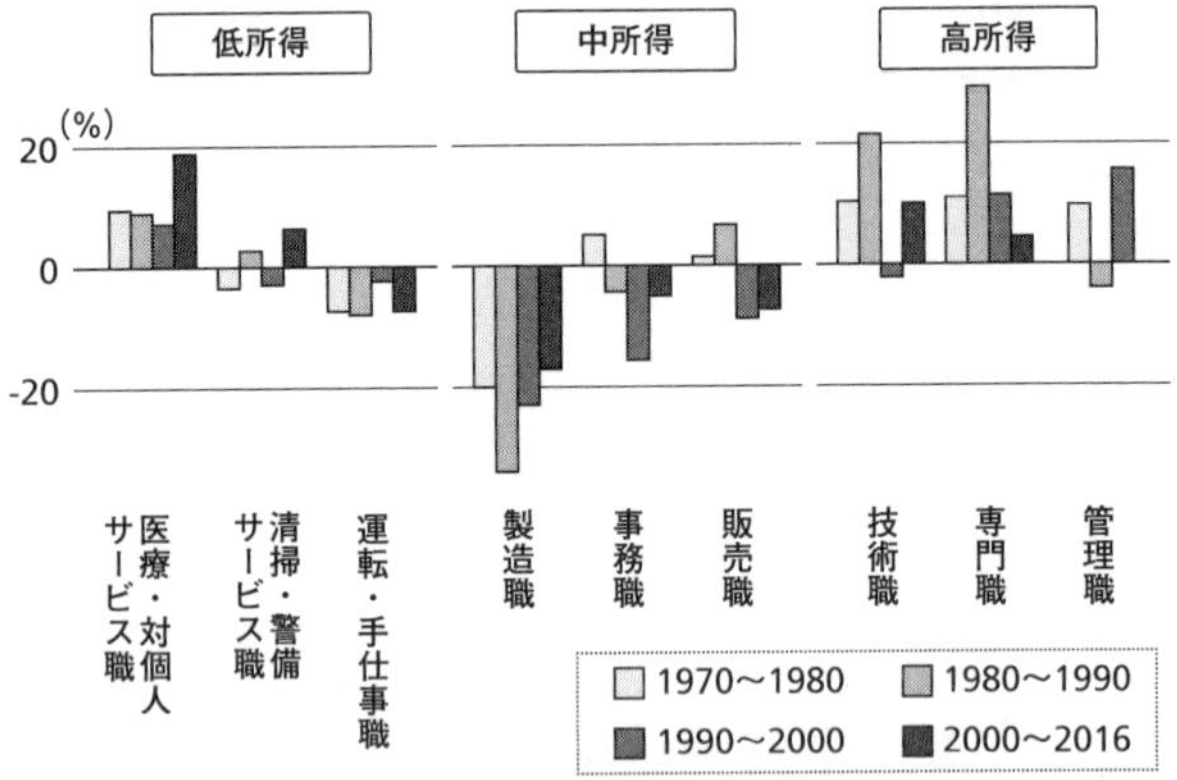

図表2–2　アメリカにおける労働市場の両極化（高所得の管理職に関する2000〜2016年のデータはなし）　出所：経済産業省（2019）「労働市場の構造変化と課題」をもとに改変

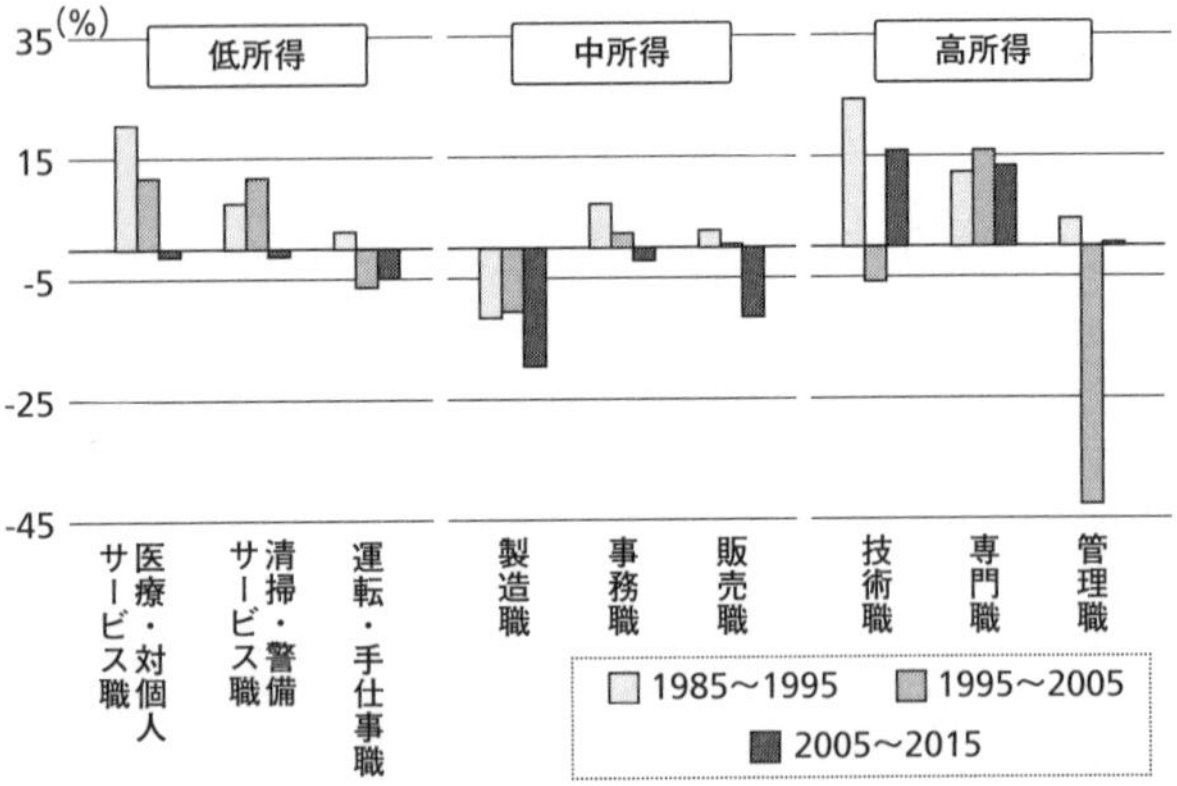

図表2–3　日本における労働市場の両極化　出所：経済産業省（2019）「労働市場の構造変化と課題」をもとに改変

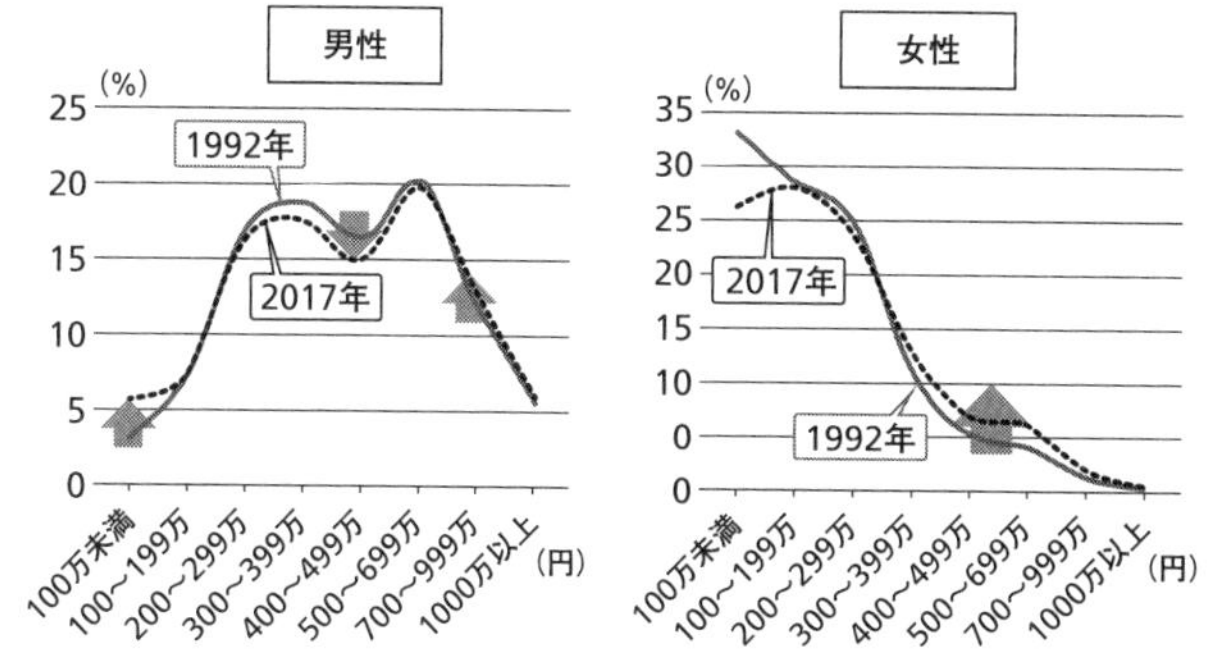

図表2–4　60歳未満における所得分布の変化　出所：経済産業省(2019)「労働市場の構造変化と課題」

が現れている。

一般に所得分布のグラフは、一つの山を成すものと考えられてきた。ところが、近年の日本では山が二つになっており、間の谷が深くなっている。要するに、中間所得層が二極に分化し、格差が拡大しているのである。

経済学者で獨協大学教授の森永卓郎《もりながたくろう》氏が、２００３年に『年収３００万円時代を生き抜く経済学』という本を出版した。年収３００万円はいくらなんでも低過ぎるだろうと当時は指摘されていたが、その時、すでに年収３００万円はボリュームゾーンになっていたのである。

そして２０２０年７月に、森永氏は『年収２００万円でもたのしく暮らせます』という本を出版している。今後、年収２００万円がボリュームゾーンになるかどうかはわからない。

いまのところ、年収100万円未満を示すグラフの部分が大きく変化している。低所得層と高所得層はいずれも割合が増えているが、低所得層のほうがより増大しているのである。端的にこれは貧しい人が増えていることを意味する。

なお、女性については所得分布の形状がそもそも男性と大きく異なっており、低所得層が最大のボリュームゾーンになっている。これは、女性の社会進出が阻《はば》まれてきたせいである。

貧しい人たちが増えた最大の原因は、30年近く続いた平成の経済停滞であり、20年近く続いたデフレ不況である。だが、仮に日本経済がデフレ不況から完全脱却できたとしても、ITやAIがもたらす格差という構造的な要因により貧困層が増え続ける可能性がある。それは世界的な傾向なので、デフレ不況脱却では解決できない問題だ。だとすれば、BIによる所得再分配が最有力な解決策ではないだろうか。

物流の完全無人化は可能か？

アメリカでは、すでにITが中間所得層の仕事を奪っているが、いまではAIが高所得層の仕事を奪い始めている。

具体的には、証券アナリスト、保険の外交員、資産運用アドバイザといった金融関連の職業で雇用が減っているのである。金融業は主に数値データを扱う業種であり、そもそもコンピュータは数値データを扱うのが得意だからだ。

加えて、ロボットにＡＩを組み込む技術が高度に発達すれば、肉体労働に従事する低所得層の仕事も減少していく可能性がある。

おそらく日本で肉体労働の仕事が著しく減少するようになるまでには、あと10年くらい掛かるだろう。肉体労働を自動化するには、ＡＩという頭脳部分と、ロボットという肉体部分の両方が必要であり、しかも相互に連携させなければならないから、それだけ開発は難しく、時間が掛かるからだ。

物流を例にとって考えよう。「運送」を自動化するには自動運転トラックが必要だが、まだ実験段階だ。また、物流倉庫の仕事のうち、「搬送」（商品を運ぶこと）の自動化はすでに実現しているが、「ピッキング」はまだほとんど手作業で行われている。

ピッキングというのは、倉庫内の商品棚から商品を取り出す作業だ。いまのロボットは、人間並みの器用なアームを持っていないので、ピッキングが難しいのである。そして、ロボットがアームを精妙にコントロールするには高度なＡＩが必要になる。

２０１７年、政府の「人工知能技術戦略会議」は、２０３０年までに物流を完全無人化する計画を発表した。しかし実際のところ、２０３０年には、物流のほぼ完全無人化を実現するための技術が出揃うという程度であろう。

そうした技術が普及するのにそれから15年くらいかかるとするならば、ほぼ完全無人化が実現するのは２０４５年くらいということになる。

「ほぼ」と言っているのは、物流のあらゆるプロセスをモニタなどで管理し、不測の事態が起きていないかをチェックする仕事が人間に残されるからだ。

いずれにしても、ロボットが人間の代わりに働けるようになり、肉体労働が顕著に減り始めるのは、２０３０年くらいと見ることができる。

クリエイティブ系の職業は増えるけれど

ＡＩとロボットが既存のさまざまな職業の雇用を減らしていく一方で、新しい職業において雇用が増えていくのではないかと考える人も多いだろう。

確かに、近年新しい職業は増えているし、今後さらに増え続けるはずだ。ここ数年を見ても、YouTuberやTikToker、LINEのスタンプ職人など、いままでになかったタイプの職業や仕事が増えている。

だが、そういったクリエイティブ系の職業では、一部の成功者はたくさん儲けることができるが、残りのほとんどの人は小遣い程度しか稼げていない。芸人やミュージシャンでも同じことだが、クリエイティブ系の職業では、年収何億と稼ぐ人がいる一方で、年収10万円以下が最大のボリュームゾーンとなっている。

経済学者には、「AIは雇用を減らさないけれども、格差はもたらす」と言う人が多い。しかし本来、雇用の減少と格差の拡大は裏表の関係にあって切り離すことができない。格差が拡大し、年収10万円以下の仕事ばかりが増大するというのは、実質的には雇用が増大していないのと同じだからである。

失業してなかなか職にありつけていない人に、「YouTuberになればいい」などと助言したら怒られるだろう。ほとんどのYouTuberは年収10万円以下だから、YouTuberのような職業の登場は雇用の増大を必ずしも意味していないのである。

コロナ危機が時代を10年早送りした

前々節で見たように、今後ＡＩ（とロボット）の普及によって多くの労働者が職に就けないとか、十分な収入が得られないといった事態が発生するだろう。そうなれば、既存の社会保障制度は、たちまち機能不全に陥ることになる。というのも既存の制度では、ニートやワーキングプア、長期的失業のような状況に対する保障が、現時点でも十分想定できていないからだ。

ＡＩが普及すればその問題は著しく大きくなっていく。すなわち社会保険では救済されない弱者が増えて、図表２－１の「公助」に当たる、生活保護のような公的扶助の対象が膨らんでしまうこととなる。

しかし、そもそも生活保護は、救済に値する者としない者を選り分ける選別主義的な社会保障制度だ。困窮していれば誰でも無条件で受給できるというわけではない。ＡＩ時代には、生活保護の対象者が劇的に増大するので、そうした選別は困難となる。

したがって、生活保護が十分機能しない可能性がある。では、ＡＩ時代にあらゆる者を漏れなく救済できる制度は何かというと、それこそが普遍主義的な社会保障制度であるＢＩだ。

これまでは「一億総中流」と言われたように、貧困に直面する者が少数だと思われていたので、日本でBIが一般レベルで広く知られることはなかった。AI失業が本格化する2030年くらいになってようやく、BIが不可欠な制度であることを人々は理解するようになるだろうと私は思っていた。

だが、コロナ危機が時代を10年進めてしまった。AIによる失業や貧困が一般化するずっと前に、コロナによる失業や貧困が人々の大きな脅威となっているからだ。

すでに見たように、このコロナ危機によってBI導入が不可欠ではないかと考える人々は世界的に増えており、議論も活発化している。日本でも、収入が減った世帯にのみ30万円を給付する案よりも、国民全員に一律10万円を給付する「特別定額給付金」のほうが支持された。人々は、意識的あるいは無意識的に、BI的な考え方を受け入れるようになってきていると言えるだろう。

「自助・共助・公助」は何を意味するか？

ここで再度、菅義偉首相の政策理念である「自助・共助・公助」を取り上げたい。これに対しては、当初、野党議員やその支持者から政府の役割を放棄するのかといった批判が寄せられた。

だが、すでに見たように、この理念は現代の基本的な社会保障制度の在り方を表している。これまでもとりわけ、自民党の政治家がしばしば口にしてきた言葉であり、何も特別なことを言っているわけではない。

「共助」については「保険」ではなく、「家族や親族、地域住民で助け合う」という意味で使われることもあり、菅首相はこの意味で使っていた。このような助け合いを「共助」ではなく「互助」と言うこともある。

いずれにせよ、菅首相は現状に反する間違ったことを言ったわけではないし、批判する野党の政治家にしても、大方がこの理念を覆すような政策を提示できているわけではない。

それでも私は、菅首相のこの言葉を耳にした時に違和感を覚えた。というのも、理念というのは綺麗ごとで結構なわけであって、現状の在り方をただ説明するような理念はスローガンとしてわざわざ掲げる必要がないからだ。

実際、この言葉は国民の心にほとんど響かなかっただろう。何も感じなかったか、反感を覚えたかのいずれかであって、共鳴したという話は聞いたことがない。

「自助・共助・公助」を理念として掲げる必要があるとすれば、現状がこの原則にかなっていない場合だ。だからこそ、コロナ危機下にあって「首相は国民の自助が足りないと言いたいのか」と憤《いきどお》る人々が出てきたのである。国民の神経を逆なでするのであれば、なおさら掲げる必要はないと言わざるを得ない。

ベーシックインカムは「自助・共助・公助」に反する

そして、ここからがより重要な点なのだが、BIは「自助・共助・公助」の原則に反している。BIはまず、「公助」ありきで、国民全員が対象となっている。

2016年2月の衆議院予算委員会で、当時維新の党に属していた柿沢未途《かきざわみと》衆議院議員がBIについて質問して、麻生財務大臣と安倍晋三《しんぞう》前首相がそれぞれこう答えている(井上・山森・荻上2017)。

柿沢「私は〝日本版ベーシックインカム〟をかねてから提案してまいりました。ベーシックインカムの導入について、総理のお考えを伺いたいと思います」

麻生「ベーシックインカムは日本の社会保障の基本的な考え方とは異なる部分が多

いので、国民的な合意を得ることはなかなか難しいと思います」
安倍「日本の社会保障制度における『自助自立を第一に、共助と公助を組み合わせる』という基本的な考え方との関係で考える必要があると思います」

安倍前首相らは、BIは「自助・共助・公助」の原則に反しているために受け入れられないと暗に述べている。これは、常識的で妥当な答弁だ。逆に言うと、BIはこれまでの常識に反しており、発想の転換を必要とする制度なのである。

自民党政権に批判的で、福祉の拡充を求めるような左派的な人々も「困っている人だけを支援すればいい」と主張しがちである。これは、結局「自助・共助・公助」と言っているのとほとんど同じことだ。

困っている人だけを支援するというのは、「自助」や「共助」ではどうにもならない人だけを「公助」という形で、政府は手を差し伸べればいいと言っているに等しいからだ。

与野党や右派左派を問わず、困っている人だけをピンポイントで狙い撃ちして支援することの難しさが理解されていないのではないだろうか。

既存の社会保障制度は、基本的には困っている人をピンポイントで救済しようとするものだ。例えば、失業者に対しては失業保険が、母子家庭のような一人親世帯には児童扶養手当(いわゆる母子手当だが2010年からは父子家庭も対象となっている)がそれぞれ割り当てられている。困窮している人すべてを救済しようというわけではない。

前述したように生活保護も選別的であり、健康で働けると見なされた場合や、親や兄弟の支援が受けられると見込まれた場合には、受給できないことが多い。それどころか、病気を患《わずら》っている場合や親や兄弟と不仲で支援が受けられない場合ですら受給できないことがある。

そのため、生活保護基準以下の収入しかないのに給付を受けられていない世帯はかなり多く、「捕捉率」は2割と言われている。つまり、生活保護を受給する権利があるはずの残り8割の人たちは、実際には受給できずにいるのである。

BIは普遍主義的であり、選別することがないので、こうした人たちを余すことなく救済することができる。BIを導入することで得られる最大のメリットは、社会から貧困を完全に消滅させられることなのである。

3　生活保護は廃止してもよいのか

生活保護には欠点がある

生活保護を拡充し、一定の収入以下の人々に無条件に給付するように変更すれば普遍主義的となり、望ましい公的扶助制度になると主張する人もいるだろう。だが、いまの生活保護は、働いて収入を得るとその分だけ給付額が減らされるのが基本だ。

仮に、年収100万円以下の人々に100万円の再分配所得が保障される「最低所得保障」というものを想定してみよう。ただし、年収0円の人の給付額は100万円で、年収が1円増える度に給付額が1円減らされるものとする。

図表2-5では、横軸に労働などで得た収入である「当初所得」(年収)をとり、縦軸に給付分を加えた「再分配所得」をとっている。年収40万円の人は、最低所得保障によって60万円の給付を受けるので、再分配所得が100万円になる。年収80万円の人も同様に20万円の給付を受けるので、再分配所得は100万円だ。

こうして年収100万円以下のすべての人々の再分配所得が100万円となるので、こ

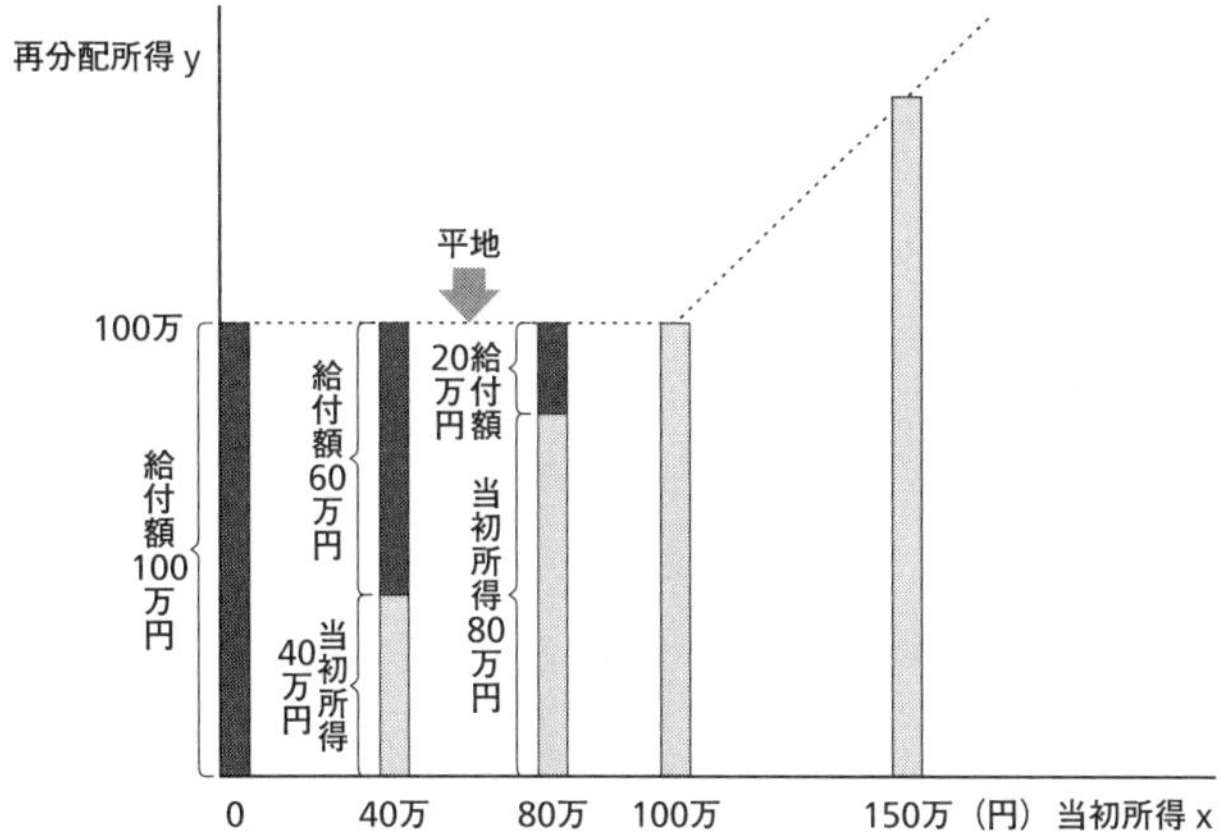

図表2–5　最低所得保障（年収100万円以下の人に100万円の収入を保障する場合）

の部分ではグラフは水平になる。つまり、働いても働かなくても再分配所得は変わらない「平地」が生まれてしまうのである。

実際の生活保護では、労働収入に対する控除が若干あって、労働したほうが再分配所得は大きくなる。だが、その控除額はあまりにも小さいので、労働のインセンティブが働き難く、「貧困の罠」（貧しい人が収入を得ると、支援が減らされるため、貧困から抜け出しにくいこと）から抜け出しにくい。

最低所得保障の代わりに「所得制限ありの一律給付」を導入したら問題は解決するだろうか？　例えば、年収100万円以下の人々に一律84万円（月7万円）を給付する制度を想定すると、図表2–6のようなグ

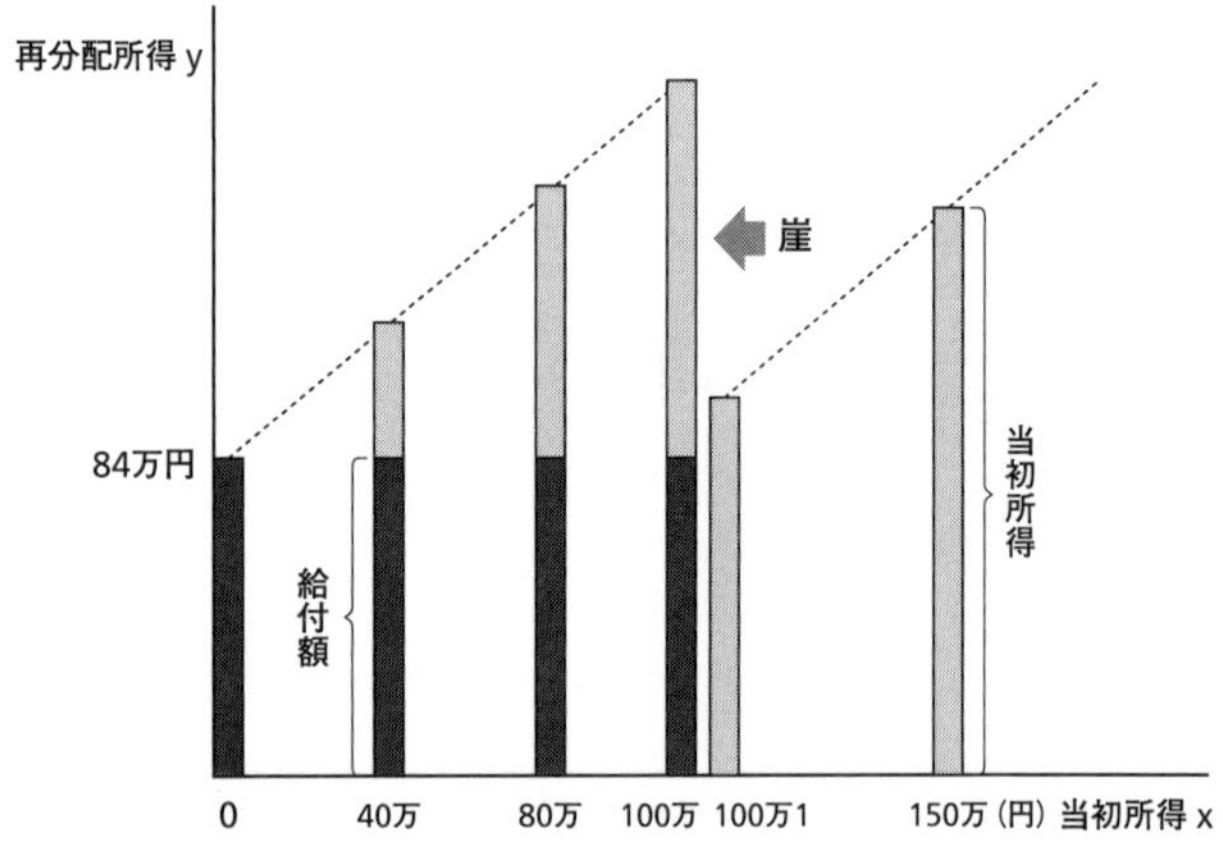

図表2–6　所得制限ありの一律給付（年収100万円以下の人に84万円を給付する場合）

ラフとなる。

　この場合、年収１００万円の人には84万円の給付がなされて、１００万１円の人には給付がなされず、両者の再分配所得に84万円近い格差が生じる点に注目して欲しい。すなわち、年収１００万円と１００万１円の間に「崖《がけ》」が生じるのである。これは明らかな不公平と言える。

　社会保障制度は、こうした「平地」や「崖」が存在しないように設計することが望ましい。では、どのような制度が望ましいのだろうか？

　答えは簡単で、図表2-7のようにすべての人々に現金を給付すれば、「平地」や「崖」をつくらずに「傾斜」を保ったまま、

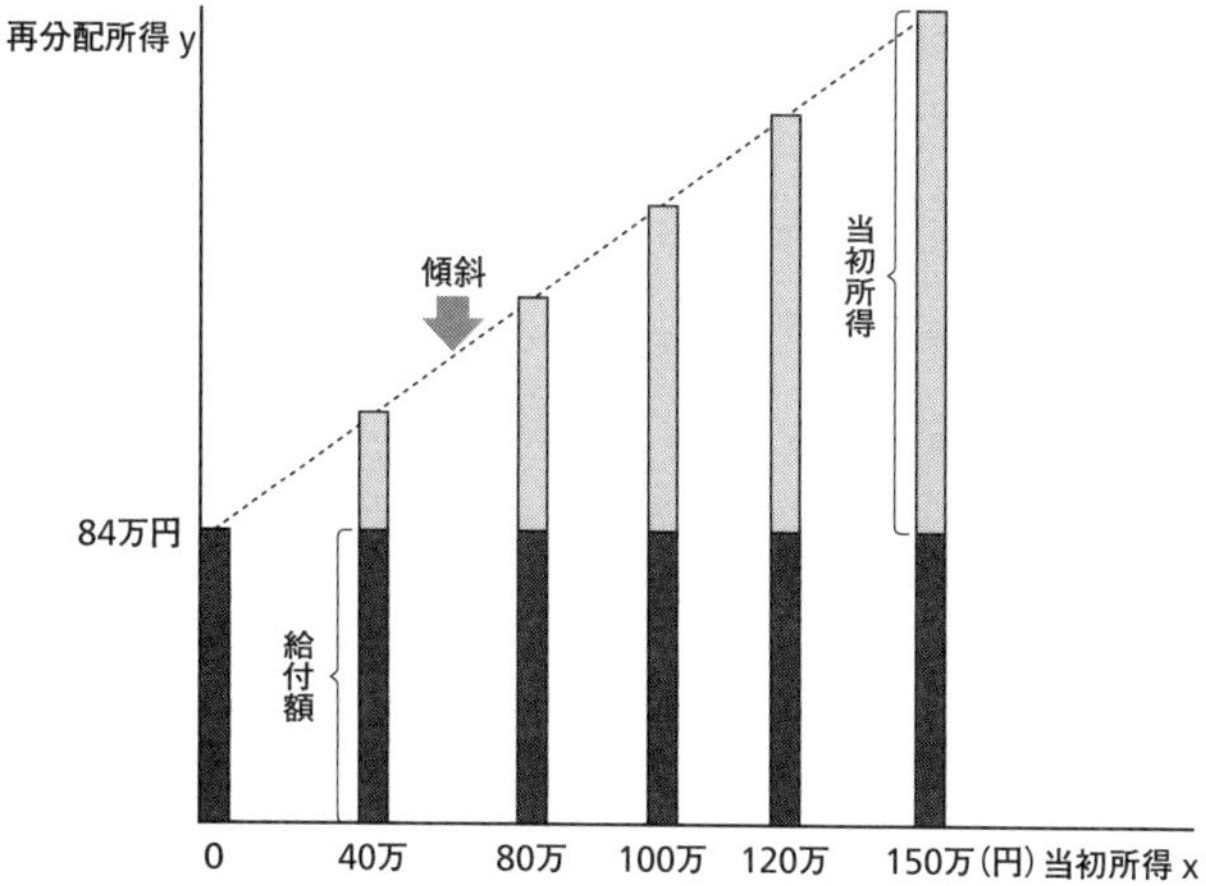

図表2–7　ベーシックインカム（給付額84万円の場合）

一定以上の生活を保障することができる。すなわち、これがBIである。

ただし、このままではすべての人々の所得が底上げされてしまうため、生活に困窮していないお金持ちにまで給付することになる。それでも構わないという主張もあり得るが、別途税金を課すことで、これに再分配機能を持たせることもできる。

図表2－8は、84万円の給付を行うとともに、所得税を25％増税した場合の、当初所得（年収）と増税額の関係を表している。

年収400万円の人は、100万円の増税が課されるとともに、84万円の給付がなされるので、16万円の純負担（損）が発生する。年収60万円の人は、15万円の増税が課

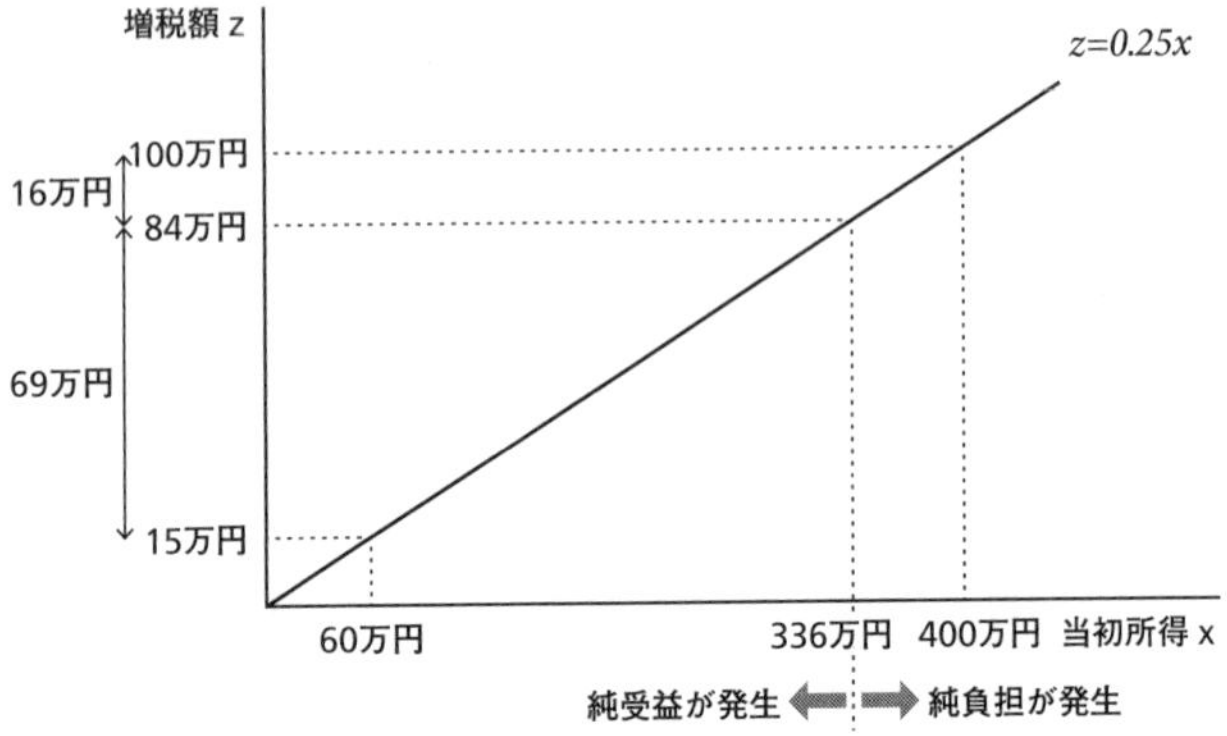

図表2–8　当初所得と増税額の関係（給付額84万円、増税率25％の場合）

されるとともに、84万円の給付がなされるので、69万円の純受益（得）が発生する。

年収336万円の人は84万円の増税が課されるとともに、84万円の給付がなされるのでプライマイナスゼロ、つまり損も得もないということになる。

ちょうど年収336万円の人を境に、それより所得の少ない人には純受益が発生し、それより所得の多い人には純負担が発生する。貧しければ貧しいほど純受益は多くなり、お金持ちであればあるほど純負担が大きくなる。

BIに対し、「なぜお金持ちにも支援するのか？ 必要ないじゃないか？」という批判がよく浴びせられるが、それは設計次第であって、お金持ちに支援どころか負担を課すこともできるのであ

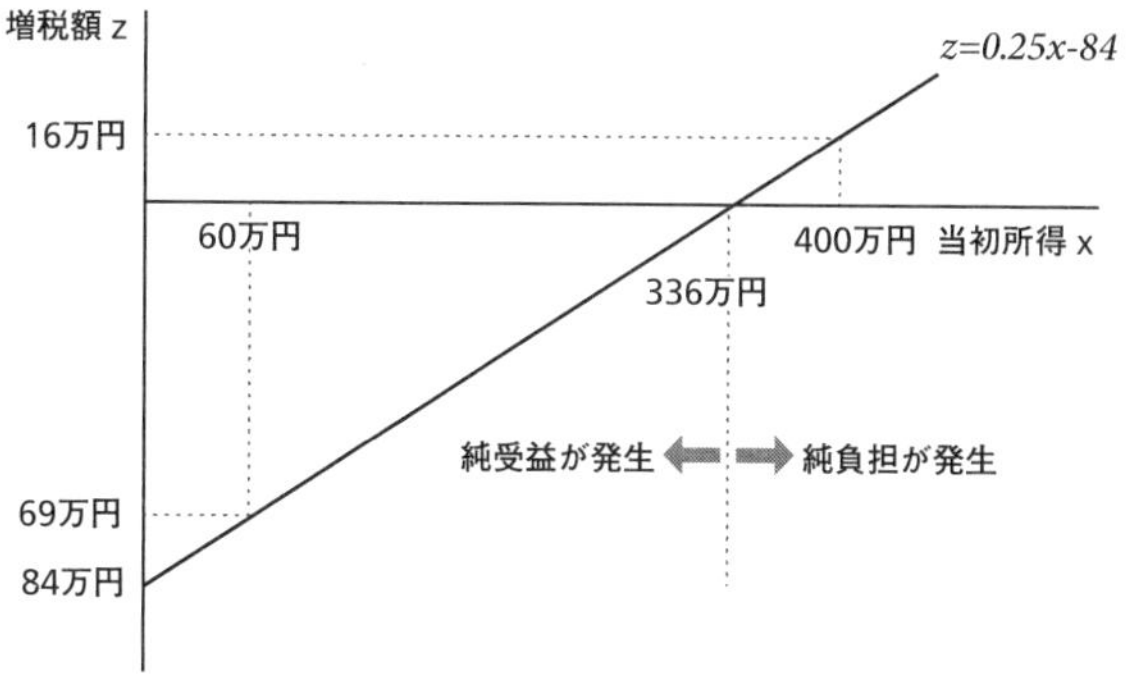

図表2–9　負の所得税（控除額84万円、増税率25％の場合）

る。ここがＢＩに関する議論で最も理解されていないポイントだ。

ベーシックインカムと負の所得税

これに関して「結局、増税するのであれば、最初からその差額だけをやり取りすればいいじゃないか？」という指摘はあり得るだろう。じつは、その差額のやり取りだけを行うのが、まさにフリードマンの提唱した「負の所得税」だ。

例えば、所得税の控除額を84万円とし、増税率を25％とする。そして、税額がマイナス（負）になった場合は、その分を給付することにする。そうすると、図表２‐９のように、３３６万円を境にそれより所得の少ない人には給付が発生し、それより所得の多い人には増税が発生する。

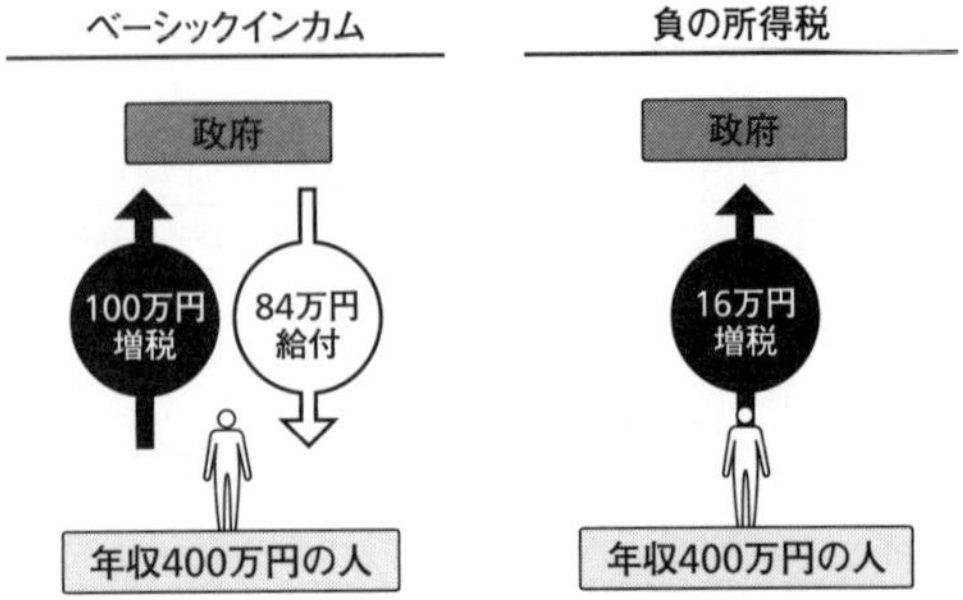

図表2–10　ベーシックインカムと負の所得税の比較

ＢＩを表す図表２－８と、負の所得税を表す図表２－９がまったく同じ効果を持っていることに注目してもらいたい。

図表２－10のように、ＢＩ制度の下では年収４００万円の人は、84万円もらって１００万円支払う。負の所得税制度の下では、年収４００万円の人は16万円支払う。いずれも純負担は16万円である。両者に何か違いがあるだろうか？　あるとすれば、心理的な影響や手続きの違いなどだろう。

それらが、現実的に大きな問題を引き起こす可能性がないとは言えないが、単純な理屈の上では同じものとみなして差し支えないだろう。

図表２－11は、ＢＩとして84万円の給付を行うとともに、所得税を25％の率で増税した場合の、当初所得（年収）と再分配所得の関係を表している。再分配額は、「給

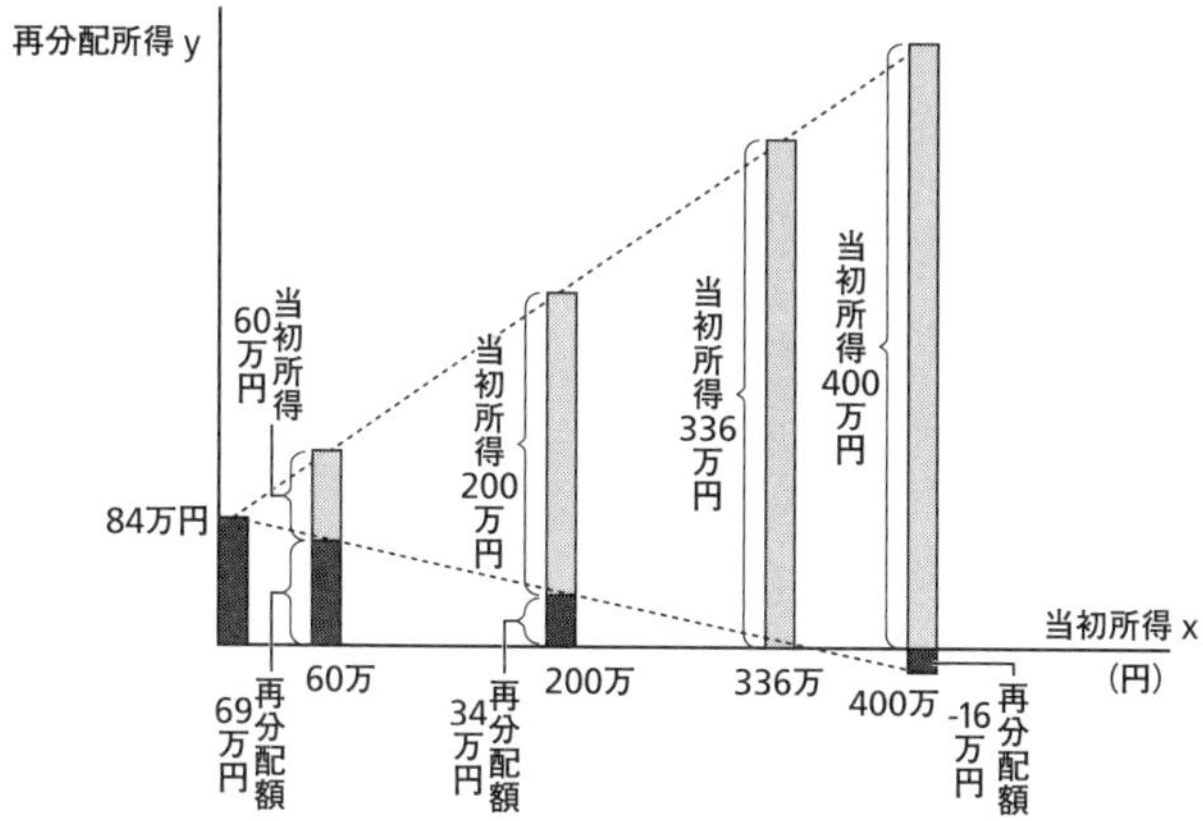

図表2–11　ベーシックインカムと、負の所得税における当初所得と再分配所得の関係（ベーシックインカムは給付額84万円、増税率25％の場合。負の所得税は控除額84万円、増税率25％の場合）

付額－増税額」である。これがプラスだと純受益、マイナスだと純負担ということになる。年収400万円の人の再分配額はマイナス16万円となる。

控除額が84万円で増税率が一律25％の負の所得税を導入した場合の、当初所得と再分配所得の関係も図表2－11と同じになる。BIでも負の所得税でも同じ図として描くことができるのである。

ここからわかるのは、「BIは莫大な財源を必要とするから実施不可能だ」という主張が問題の本質を捉えられていないことだ。なぜなら、同じ効果を持つ負の所得税ではそれほど莫大な財源を必要としないからだ。

問題の本質は「高所得者が増税による純負担を容認するか否か」にある。高所得者が自らの純負担を容認すれば政治的に実現しやすいし、容認しなければ実現し難い。財源問題という見せかけの問題の奥にある真の問題は、高所得者の純負担が容認されるか否かなのである。

そして、同じ効果を持つＢＩと負の所得税では、この純負担の額も変わらない。雑に言えば、ＢＩと負の所得税は同じ制度だ。より正確に言うと、負の所得税と同じ効果を持つようにＢＩ制度を設計することが可能なのである。

ＢＩは租税と社会保障制度をどうバランスさせるかによって、いかようにも設計可能だと先に述べたが、その一つのヴァリエーションとして負の所得税と同じような効果を持つように設計することができるのである。

ここまでの議論から、ＢＩ（や負の所得税）は、生活保護を無条件化し、労働のインセンティブを加えた制度であることがわかるだろう。選別的で労働のインセンティブが働かないという生活保護の欠点を解消すると自ずとＢＩになる、と言い換えてもいい。

いまの生活保護は選別的であるがゆえに貧困を解決できず、労働のインセンティブが働かないために貧困の罠を解決できない。だから、ＢＩに否定的な論者にありがちな「ベーシックインカムなんていらない、生活保護で十分じゃないか」という主張は、現前にある貧困や、貧困の罠の放置を意味している。

それらの問題を解決しようとすれば、生活保護を拡充し、ＢＩ同様の制度にするしかないのである。

生活保護は廃止すべきか？

私は、代替型ＢＩを志向する論者のように、すべての社会保障制度をＢＩに置き換えてしまえばいいと言っているわけではない。社会保障制度を取捨選択し、整理した中間型ＢＩを理想としている。

何を残し、何を廃止すべきかは、ゆっくり議論すればいいと考えているが、私なりの基準はある。社会保障制度の中でも、政府が国民にお金を給付する制度である「所得保障制度」は、目的のみを見るならば、

・貧困者支援……生活保護、雇用保険、児童手当、児童扶養手当
・障害者支援……年金保険、介護保険、医療保険、特別障害者手当

の二つに分類することが可能だ。

失業や母子家庭は、「貧困」を招く傾向がある。他方、老齢や病気、寝たきり、身体障害は「貧困」を招くばかりでなく、医療費の増加やそれ自体の労苦も問題となるので、「障害（ハンディキャップ）」として分類するのが適当だ。

ＢＩは、貧困者支援に取って代わることはできるかもしれないが、障害者や傷病者の支援の代わりにはなり得ない。したがって、ＢＩを導入した場合でも、後者についてはこれまで通りの制度が維持される必要があり、個人的にはいまよりもっと手厚い支援がなされるべきだと考えている。

また、先の分類では生活保護を貧困者支援に含めたが、ＢＩを導入して生活保護を廃止すべきかというと、私はそうは思っていない。というのも、生活保護は生活の「ラスト・ディフェンス（最後の守り手）」になり得るからだ。サッカーにおけるゴールキーパーのイメージである。

つまり、ＢＩという鉄壁のディフェンダー（守り手）を突破されたとしても、生活保護というゴールキーパーがいれば、しっかりと生活を守ってくれるという位置づけなのである。

現実世界における、ありとあらゆる可能性を想定するのは難しいので、BIが導入されたとしても、何らかの理由で生活に困窮する人が出てくるかもしれない。そうしたケースは少ないはずだが、そのわずかな可能性のためにラスト・ディフェンスとしての生活保護を残しておくべきだということだ。

仮に月7万円程度がBIによって給付されれば、一人暮らしの人がそこにちょっとしたバイト代を加えれば何とか生活できるだろう。だが、明確な病気や障害がなくてもバイトができないという人がいてもおかしくはない。

それを甘えとして切り捨てるべきだと考える人もいるだろう。当たり前だが、すべての人は(清貧の思想の持ち主とかでなければ)好き好んで貧困になるわけではない。それぞれが如何《いかん》ともし難い事情から貧困に陥るのである。

人は、他人のその事情が明確に理解できない時、「甘え」というレッテルを貼って切り捨てようとする。理解しやすい事情か否かで、支援すべきかどうかを判断するのは不合理だろう。だから、いかなる理由があろうとも貧困に陥った人は無条件で支援すべきなのである。

制度はもっとシンプルであるべきだ

一方で、反緊縮的な政策を支持している人たちは、すべての社会保障制度を温存したままBIを導入すべきだと主張しがちだ。中間型BIでさえも緊縮的だとして批判し、追加型BIを支持しているのである。

それに対し、私はまず追加型BIを採用せざるを得ないが、それが理想的とは見なし難いと思っている。そもそもBI抜きに考えても、いまの社会保障制度が何の欠陥もなく改善の余地もないという主張があったら、それは極論としか言いようがない。BIが導入されたならばなおのこと、それに応じた制度変更がなされてしかるべきだ。

年金一つとっても、国民年金のみを受給できるのか、厚生年金も受給できるのかといった区別があることがすでにして欠陥である。

年金保険料を納めてこなかった人が何も受給できないというのも欠陥の一つだ。それを自己責任と突き放す人もいるだろうが、そもそも自己責任で話が済むのであれば、年金制度なんて必要ない。

現役のうちから老後に備えておくのが難しいから年金制度が必要なのであって、それができない人を見捨てるというのであれば、制度が自家撞着《じかどうちゃく》を起こしていることになる。

さらに言うと、いまの年金は制度が複雑過ぎて、もはや政治的な議論がまともには成り立ち難い。２００４年に年金未納問題が発生した際、民主党代表を務めていた菅直人《かんなおと》氏は、「年金制度が複雑すぎてよくわからなかったからだ」と弁明した。政治家にすら理解されていない制度について、私たち一般国民が一体どうやったら正確な判断を下せると言うのだろうか。

理想論としては、年金制度はもっとシンプルであるべきだ。月７万円のＢＩが導入されるのであれば、例えば65歳以上には、全員無条件に月10万円が追加給付される、といった制度に置き換えられるべきだろう。合計17万円が給付されるというわけだ。

こう主張すると、これまで納めてきた年金保険料を反故《ほご》にするのかといった批判がなされるだろう。それはもっともなことで、現実にはいまの年金制度を数年のうちに廃止することなどできない相談だ。おそらく50年あったとしても年金制度の抜本的な改革は難しいだろうが、それでも理想の制度を目指すべきである。

私たちは政治制度について議論する際には、理想と現実の両方について検討する必要がある。しかし、理想に近づけることを怠り、問題が発覚する度に弥縫策《びほうさく》を講じる形で対処し続けるのでは、制度は誰にも理解できない複雑怪奇な代物になるばかりだ。

「理由なき困窮者」を見捨てない

年金だけでなく児童扶養手当というのもまた、奇妙な制度だ。よく考えてみて欲しい。年収100万円の二人親世帯と、年収200万の一人親世帯を比べたとして、どちらに現金給付がなされるべきだろうか。

現状では前者には支給されない。二人親世帯であっても年収100万円であれば、両親だけでなくその子どもも貧困生活を強いられ、給食費さえまともに払えないかもしれないにもかかわらずである。

しかし、一人月7万円のBIを導入すれば、三人家族だから月21万円（7万円×3）の給付を受けることができる。年にして252万円であり、極度の貧困状態からの脱却は可能となる。

一般に一人親世帯が、貧しい傾向にあることは間違いない。だからと言って、一人親世帯だけをピンポイントで支援し、それ以外の貧しい家庭が放っておかれるという状況は望ましくない。一人親世帯であるかどうかにかかわらず、すべての貧しい家庭を支援すべきである。

現在、BIではなく児童扶養手当が採用されているのは、財政的な制約があると思われているからだ。そしてもう一つ、人々が貧しさに対して支援を行う時に、わかりやすい明確な理由を求めているからだ。明確な理由がなければ自己責任と見なされて、捨て置かれる。

だが、生活保護の箇所でも述べたように、人は明確な理由がなくても生活困窮者になりうる。そして、そのような「理由なき困窮者」こそ、政府から何の救済も得られない究極の弱者ではないか。ＢＩは、そうした「理由なき困窮者」をも等しく救うことができるという意味で、普遍主義的な制度なのである。

4 二階建てベーシックインカムへの道

当面は追加型ＢＩしかない

中間型ＢＩの案はあくまでも理想論であり、実現は簡単ではない。私が「まず追加型ＢＩを採用せざるを得ない」と述べたのも、実際問題として制度を変更するのは、長い時間がかかるものだからである。いや、むしろ十分に時間をかけるべきだと言ったほうがいいかもしれない。

例えば、児童扶養手当や児童手当を廃止してからＢＩを導入する、という手順では当事者は不安に陥るだろう。額としては、児童扶養手当や児童手当よりも月７万円のＢＩのほうがずっと大きい。しかし、制度を正確に理解し、ＢＩのほうが自分たちの生活を向上させるという確信をすぐに持てるとは限らない。

だから、まずはＢＩを導入することが先決だ。月７万円のＢＩがいかに、これまでの児童扶養手当や児童手当などとは比べものにならないほど人々の生活を支えるかを実感してもらい、当事者の理解を得た上で、社会保障制度を取捨選択していくような手順が望まれる。

増税も当面は必要ないだろう。いまの日本経済の状況を鑑《かんが》みれば、増税してＢＩに必要な予算をまかなうのは非現実的である。現実的なのは国債でまかなうことであり、実際、特別定額給付金も国債でまかなわれた。増税は、景気が過熱し、インフレ率が３％程度に達してから考えれば十分だ。

ただし、その増税は政府の「借金」を返済するために実施されるわけではない。政府の「借金」を完済する（すべて返す）必要などまったくないし、むしろそうしたことは行ってはいけない。その点については、次章で詳しく論じる。増税を行うのは、過度のインフレを抑えるためだ。

こう言うと、増税は決定に時間がかかるので、その間にインフレ率が跳ね上がってしまうのではないかと懸念する人もいるだろう。近年の先進国ではインフレの急激な加速は起きていないので、私はその可能性は低いと見ているし、月7万円の給付を行ってもインフレ率が3%に達しない可能性すらあると踏んでいる。

それでも、もしインフレ率が上昇を続けるのならば、日銀が金利を引き上げて、金融引き締めを行えばよい。そもそもそれが日銀のような中央銀行の役割である。

金利をゼロ未満に下げることは困難なので、中央銀行はインフレ率を常に上昇させられるわけではない。実際、黒田東彦《くろだはるひこ》総裁の下で日銀は2%のインフレ率目標を掲げてきたが、未だに達成できていない。それに対して、金利を引き上げることはいくらでも可能であり、インフレ率をおよそ常に下落させられる。*

*ＭＭＴ（後述）は金利政策の不安定性を主張しているが、いまのところ金利の引き上げによってインフレ率を下落させるのが困難であることを示す説得的な実証結果が存在するとは思えない。

貨幣制度の大きな欠陥

ここでみなさんの中には、インフレ率をコントロールする責任が、政府と中央銀行のどちらにあるのか、と戸惑った人もいるかもしれない。

実際、失業の解消も含めて、マクロ経済政策の最終的な責任をどこの誰が負っているのかは定かではないが、プラス金利の間は中央銀行にあると言うことは可能だろう。

だが、ゼロ金利という床にぶち当たった途端に、中央銀行による景気のコントロールは極めて困難になる。プラス金利の間は、金利を上げたり下げたりする「金利政策」が可能だが、ゼロ金利に至るとさらに金利を下げることは難しくなる。

このようにいまの貨幣制度には大きな欠陥があり、その欠陥はプラス金利の間には覆い隠されているが、ゼロ金利に至るとたちまちに露呈《ろてい》する。それにもかかわらず、「貨幣制度を改革せよ」と主張する経済学者や政治家はほとんどいない。

言わば床下を掘るような政策である「マイナス金利」や、日銀による「ETF（株価指数に連動する投資信託）買い」は、いまの貨幣制度の下での無茶なあがきだ。

マイナス金利の深掘りは銀行の収益を圧迫するので危険であり、ETF買いは上場企業とその株主への国からの不当なご褒美となってしまうのである。

また前章で論じたように、ゼロ金利下で量的緩和政策を行って預金準備を増やしたところで、金利ゼロの国債とそもそも金利ゼロのお金を交換しているだけで、マネーストックを直接増大させる効果はない。

マネーストックを増大させられるのは、基本的には政府だけである。したがって、ゼロ金利下では政府がマクロ経済政策のコントロールに責任を持たなくてはならない。

だが、金利がプラスなのかゼロなのかに応じて、責任の所在が中央銀行に移ったり、政府に移ったりするのであれば、忙しくてかなわないだろう。

ヘリコプター・マネーの具体案

したがって、景気のコントロールに関する責任と権限を一元化すべきだが、政府に一元化すると、時の政治家が人気取りのために景気をよくし過ぎて過度のインフレを引き起こす恐れがある。

いまのところ緊縮的な政治家が多いのでその心配はいらないが、理想的には中央銀行に一元化すべきだろう。そのためには、中央銀行が直接国民に対して現金給付できる仕組みを導入しなければならない。それが、何年も前から私が提唱してきた「ヘリコプター・マネー」だ。

そもそもヘリコプター・マネーは、「負の所得税」の箇所でも触れたミルトン・フリードマンのつくった概念で、ヘリコプターからお金をばらまくように中央銀行が市中にお金をばらまいたらどうなるかという思考実験を意味していた。

私の提唱というのは、ヘリコプター・マネーを思考実験で終わらせるのではなく、マクロ経済政策の主軸にすべしというものだ。ただし、いまの制度下で中央銀行がお金をただでばらまくことはできない。中央銀行はお金と何らかの資産を交換することで、お金を供給することが可能になる。

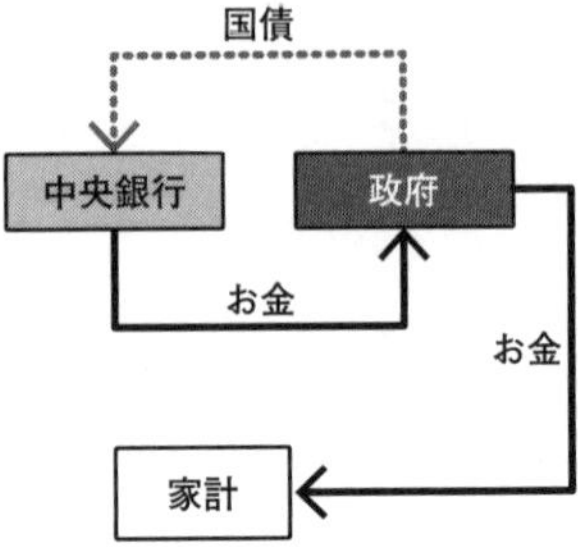

図表2–12　ヘリコプター・マネー（中央銀行による国債の直接買い入れ）

何らかの資産の代表が国債である。したがって図表2-12のように中央銀行が政府から国債を直接買い入れ、政府が中央銀行の代わりにお金を国民にばらまくといった仕組みが考えられる。

そのような「バラマキ」を行ったら、インフレに歯止めがかからなくなるのではないかと心配する人も多いだろう。そこで次の三つの原則を導入する必要がある。

・政府は国債の中央銀行直接引き受けで得た財源を一般財源とはしない。つまり、道路や橋をつくるといった形で何にでも支出できる財源とするのではなく、ただ国民にばらまく。

・国債の買い入れ額は中央銀行が決定する。政府はこの額を国民の人数で均等に割って、給付作業を行う。

・インフレ率目標を設定する。私は3〜5%程度が望ましいと思っているが、何らかの設定された目標に近づけるように、国債買い入れ額を調整する。

そして中央銀行は、基本的にはインフレ好況時に国債の買い入れ額を減らし（給付額も減る）、デフレ不況時に買い入れ額を増やす（給付額も増える）。

給付金の額が変動するので、私はこれを「変動ベーシックインカム（変動ＢＩ）」と呼んでいる。私が導入すべきだと言っているヘリコプター・マネーは、このような変動ＢＩだ。

要するに、ただばらまくのではなく、景気に合わせて変動させるというわけである。だから、変動ＢＩの給付額は景気の如何によって1万円の時もあれば、3万円の時もある。ただし、これは別途「固定ベーシックインカム（固定ＢＩ）」によって生活の保障がなされていることが前提である。

二階建てベーシックインカムとは何か？

私は、『ＡＩ時代の新・ベーシックインカム論』で「二階建てベーシックインカム（二階建てＢＩ）」という制度を提唱している（図表2-13）。一階は「固定ＢＩ」で、二階は「変動ＢＩ」である。

固定ＢＩは、基本的には税金を財源としており、最低限の生活保障が目的だ。これは国会の予算案によってその額が決定される。私がこれまで月7万円と言ってきたのは固定ＢＩの額だ。

この財源は、最初は国債でまかなったとしても、いずれ税金に置き換わっていくことが望ましい。なぜなら国債はあとで述べるように、利払いという形で投資家（金融機関）に「ただ飯」を食わせる仕組みだからだ。

固定ＢＩは、固定とはいうものの、あくまでも機動的に変化させないという意味であって、国会で決議し直せば変更することができる。経済成長に応じて10万円、15万円と増やしていくことも可能だ。

したがって、一人暮らしの人にとって月7万円の給付金が最低限の生活を保障するものではなく、生活補助金程度の役割しか果たしていなかったとしても、それはいずれ解決され得る。

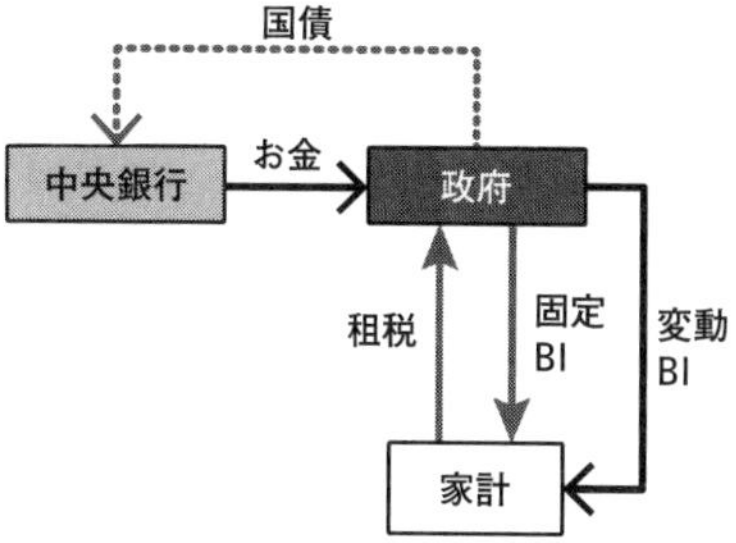

図表2–13　二階建てベーシックインカム

一方、二階部分の変動ＢＩは、「貨幣発行益」を財源にするもので、景気のコントロールが目的だ。貨幣発行益というのは、文字通り貨幣を発行することで得られる利益だ。

実際には行われないことだが、日銀が1万円を刷ってケチャップを買えるだけ買えば、日銀は1万円分のケチャップという利益を手に入れることができる。もし1万円を刷って国民にばらまけば、貨幣発行益を得るのは国民だ。

ただし、ここで言う貨幣発行益はあくまでもイメージであり、学術的に厳密な表現ではない。いまの制度の下では、政府支出に見合っただけの増税か国債発行がなされる。そのうち、国債を中央銀行が引き受けるケースを便宜的に「財源が貨幣発行益である」と言うことにしたい。

インフレ率目標が達成できない理由

2020年3月に、参議院の財政金融委員会で渡辺喜美《わたなべよしみ》議員が、拙著『AI時代の新・ベーシックインカム論』を片手に二階建てBIを紹介し、黒田日銀総裁に感想を求めた。

渡辺議員が、

変動BIの方は、まさに今のような緊急事態のときに景気変動に対応するという趣旨で出す。したがって、これは税を財源とするのではなく通貨発行益を財源としてやったらどうかという(後略)。

と説明したのに対し、黒田総裁は、

様々な金融政策と政府がやっておられる財政政策というのは組み合わせることはできると思いますけれども、何かその通貨発行益があるから云々というのはやや短絡的な議論ではないかと。

と否定的に答えている。

制度を変更するのは政府・国会の役割であり、日銀としてはいまの制度下でできることを模索するしかない。おそらく黒田総裁は、変動ＢＩに興味を持たなかったかもしれないが、仮に私の構想に賛成だったとしても、立場上そう口にはできないだろう。

だから、こういった発言をする以外ないだろうが、冗談半分として私は黒田総裁に「寝言はインフレ率目標を達成してから言ってくれ」と申し上げたい。日銀が目標を達成できないのは、まさに変動ＢＩのような仕組みがないからだ。

確かに、金融政策と財政政策の「ポリシーミックス」(政策の組み合わせ)が理想通りの形になっていれば、変動ＢＩがなくとも効果的に景気回復を図ることができるかもしれない。

だが、それは同時に金融政策単独では景気回復の実現が難しいことを意味している。実際、インフレ率目標を達成できていないのは、財政政策が拡張的（反緊縮的）ではなく緊縮的だからである。

日銀は景気のコントロールに関して責任を負っているにもかかわらず、その効果的な手段を持ち合わせていないというわけだ。前章で述べたように、せいぜい期待に働きかけて量的緩和政策を行うくらいである。期待はあやふやなので、量的緩和政策が十分な効果を持つ保証はない。だからと言って、いまさら「有効な手段がないので、目標の達成は保証できません」とは口にできない。

日銀は直接国民にお金をばらまくことができないから、苦し紛れにＥＴＦ買いを行っている。だが、ＥＴＦを買い入れたところで、株価が上がって上場企業やその株主が潤うだけだ。

一般的な家計の所得や資産が増えるわけではなく、消費需要の増大にもインフレ率の上昇にもそれほどつながらない（わずかに株主の消費需要を増大させる効果はあるかもしれないが）。

変動ベーシックインカムで景気をどう調整するか？

私の言う変動ＢＩとは、日銀がＥＴＦを買い入れるような手軽さで国民にお金をばらまけるような仕組みだ。

景気が過熱してインフレ率が上昇し過ぎた場合は、国債の買い入れ額（すなわち変動ＢＩの額）を減らせばよい。額をゼロにしてもなおインフレが抑えられない場合は、通常の金融引き締め政策である「売りオペレーション（売りオペ）」を行えばよい。売りオペというのは、国債を市中に売却することを意味する。

しかし、この売りオペは補助的な手段である。なぜなら、経済は長期的に見ればおよそ成長するものであり、成長に合わせて世の中に出回る貨幣の量も増やさなければならないからだ。そのような貨幣を「成長通貨」と言う。

経済成長に合わせて、経済の血液たる貨幣が増えていかなければ、経済はデフレ不況に陥ってしまう。発育途上の子どもが、栄養が足りずに貧血を起こすのと同様だ。日本の「失われた30年」は、まさにそのような貧血状態だった。

したがって、景気が過熱した時は基本的に、国民にばらまくお金の量を減らせばいいのであって、売りオペはあくまでも非常用の手段というわけだ。

フェーズ 1	固定BI導入（国債） 月3万円からスタート、月7万円目標
フェーズ 2	固定BIの財源切り替え：国債 ⇒ 税金 変動BI導入
フェーズ 3	二階建てBI完成 追加型BIから中間型BIへ

図表2–14　二階建てベーシックインカム実現に向けたステップ

実現に向けた三つのフェーズ

二階建てＢＩに至るには、図表２－14のような三つのフェーズを経る必要があるだろう。前述した通り、最初に導入すべきなのは国債を財源とした追加型の固定ＢＩである。

私は月７万円程度の給付でいきなり過度なインフレが起こるとは思っていないが、月３万円程度から始めて徐々に増やしていくようなプランが考えられる。

１年目は月３万円ずつの給付、２年目は月４万円ずつの給付というように増やしていき、さしあたり月７万円の給付を目標とする。万が一、インフレ率が上昇し過ぎたら増税するか金利を引き上げる。これがＢＩ導入のフェーズ１である。

フェーズ２では、固定ＢＩの財源切り替えと、変動ＢＩの導入を行う。固定ＢＩの財源を国債から税金に切り替え、増税していけば景気は悪化するだろう。したがって、その悪化分だけ変動ＢＩの給付額を増大させる必要がある。

フェーズ３に至って理想的な形に近い二階建てＢＩが完成する。ただし、社会保障制度を改革し、追加型ＢＩを中間型ＢＩに転換する作業はフェーズ３に至ってからも長らく続くことになるだろう。

財源はどうするべきなのか？

固定ＢＩの財源は、いずれ税金に置き換わっていくことが望ましいと述べたし、先ほどもそうしたプロセスを想定した。

これに対して、反緊縮派には固定ＢＩの財源はずっと国債で構わないのではないか、という意見を持つ人が多い。しかし、先ほども述べたように、国債は投資家（金融機関）に利払いという「ただ飯」を食わせる仕組みである。

本来、政府が積極的に支援すべきなのは、資産家ではなく困窮者だ。また、投資家が不労所得を得ることが世間的に許容されているのは、彼らがリスクを負って投資しているからである。リスクなしの不労所得は許容されるものではない。したがって、政府は国債の発行を極力抑えるべきなのである。

こう言うと、「それでは緊縮的なスタンスではないか」といぶかられるかもしれないが、そうではない。固定ＢＩを税金でまかなったとしても、変動ＢＩによって適度なインフレ率になるまでお金がばらまかれるので、全体的に考えると反緊縮的になっているのである。

だとすれば、固定ＢＩのほうもすべて貨幣発行益でまかなうのではいけないのかと考える人もいるかもしれない。だがそうすると、ＢＩが導入されているにもかかわらず、再分配が行われないことになる。

格差を縮小するには、所得税の増税などの形でお金持ちを中心に税金を課し、それを再分配する必要がある。ＢＩをすべて貨幣発行益でまかなってしまえば、その機能が働かない。また税金を課すことで世の中に出回るお金を吸収（消滅）できれば、その分だけインフレを気にせず変動ＢＩとしてばらまける額が増大する。

私はＢＩと租税について論じる際に所得税を取り上げることが多いが、それはわかりやすいからである。実際のところ、所得税の増税はそれほど妥当な政策とは言えない。というのも、所得税というのは税逃れが容易にできる、いい加減な税制だからだ。自営業者はみな知っているように、経費を膨らませればその分だけ所得を見かけ上減らすことができる。

政府が資産を正確に把握するための制度を整えれば、所得税よりも資産税のほうが比較的税逃れがしにくくなる。それゆえ、格差を縮小したいのであれば、所得税よりも資産税を増税するほうが望ましいだろう。２０２０年9月末の個人の金融資産は約１９００兆円、企業の金融資産は約１２００兆円あるので、合計３１００兆円だ。

これに３％の税を課すことができれば、90兆円余りの財源が生じる。さらに、炭素税を含む環境税等を導入すれば、１００兆円の財源確保は十分可能だろう。炭素税については第4章で詳しく論じたい。

いずれにしても、固定ＢＩを租税でまかなうというのは、未来の話だ。コロナ危機下にある現在では、とにかく国債を発行し、追加の一律現金給付をできる限り数多く実施するのが先決だろう。

第3章 政府の「借金」はどこまで可能か

1　財政赤字をめぐる三つの立場

コロナ増税を警戒せよ

2020年4月、コロナ対策の一環として、国民全員に一律10万円を給付する「特別定額給付金」の実施が決定された。前章で述べたように、この「特別定額給付金」は一時的なBIとして位置づけることができるだろう。

この決定自体は歓迎すべきだが、1回限りの10万円給付では暮らしに行き詰まっている人に対する十分な救済にはならない。

そこで私は、追加の10万円給付がなされるように、微力ながら財務省に嘆願書を提出したり、国会議員に働きかけたりした。だが、それはかなわなかった。

国民の間に追加給付を切望する声があがっていたにもかかわらず、政府が採用しなかった理由は明確だ。「緊縮」というお金をケチる体質が、政府にしみついているからである。

コロナの感染拡大に伴って少しずつ意識が変わってきているようにも見えるが、政府は

「財政規律を守るべきだ」という基本的なスタンスを捨て切れていない。コロナ対策によって財政支出の大幅な増大は避けられないとしても、なるべく少なく抑えたいという思惑が見え隠れしている。

政府の緊縮路線は、コロナ対策に十分な予算を確保しなかったという問題だけでなく、コロナ収束後の増税という次なる問題を生み出すだろう。

政府はすでに、例年を大きく上回る規模の国債を発行している。特別定額給付金のための政府支出は約13兆円であり、すべてが国債によってまかなわれる。ほかにも、持続化給付金や雇用調整助成金の拡充などさまざまな政策が実施されており、２０２０年度の新規国債発行額は１１２兆円を超えている。

それゆえ、早くも「コロナ増税」という話が持ち上がっている。２０２０年8月に開かれた政府税制調査会では、コロナ対策によって財政が悪化しているので、消費増税が必要ではないかという意見が出された。

２０１１年の東日本大震災の際に「復興特別税」が課されたのと同様に、コロナ増税が実施される可能性は高い。そして、それは日本経済を再び長期デフレ不況へと陥れるだろう。

財政健全化は必要か？

２０２１年2月15日に開かれた衆議院予算委員会で、国民民主党所属の岸本周平《きしもとしゅうへい》議員がこう述べている。

みんなでその震災復興の特別のお金は払いましょうと決めたんです。今回も、桁は大きいですよ。だけれども、これ。本当に子供や孫に継がせていいんですか。30年でもいいですよ。これを、特別の財源を、我々、何か、このコロナが終わった後で自分たちの世代で払う、そういうことをお考えいただきたい。

東日本大震災の時と同様に、コロナ対策のために政府が負った「借金」を増税によって返済することを提案し、菅義偉首相に答弁を求めたのである。菅首相はそれに呼応して財政健全化を目指すことを約束した。

成長志向型の経済政策を進めて経済再生に取り組んでいくとともに、財政健全化の旗も下ろさず、今回の対応が将来世代の負担になることがないように、歳出歳入両面において、しっかり改革を進めていきたいと思います。

明言はしていないものの、これは政府支出を減らしたり増税したりすることを意味している。このような考えは、常識的には正しいように思えるが、はたして本当に妥当なのだろうか？

そもそも、財政健全化のために政府支出を減らしたり増税したりする必要はあるのだろうか？　「現代貨幣理論（Modern Monetary Theory、ＭＭＴ）」の立場からは、必要ないとはっきり言える。いや、むしろそれは害悪ですらある。このことを本章では説明したい。

政府が「借金」して何が悪い？

ＭＭＴは「非主流派」の経済理論であり、「主流派」の理論とは異なっていると一般には考えられている。主流派経済学は、ミクロやマクロといった標準的な経済学の教科書に載っているような内容を指している。

大学で教えられているのはおよそ主流派経済学であり、ノーベル経済学賞を受賞するのも、ほとんどが主流派の経済学者だ。要するに、経済の世界では、主流派経済学が支配的であり、MMTはマルクス経済学などと同様に、異端扱いされているのである。

MMTは、一般には「政府の借金はインフレをもたらさない限り問題ではない」という主張で知られており、それゆえに主流派とは相いれないとされている。

この主張をより正確に言い直すと、「自国通貨を持つ国にとって、政府支出が過剰かどうかを判断するためのバロメータは、赤字国債の残高ではなくインフレの程度である」となる。

例えば、アメリカ、イギリス、日本はそれぞれ、ドル、ポンド、円といった自国通貨を持つ。こういった国々の政府・中央銀行は、言わば通貨の製造者であり、必要な資金を自らつくり出すことができる。それゆえ、資金が尽きることがないし、そもそも借金をする必要がない。

したがって、国債を家計にとっての借金の証書と同列に扱うことはできない。つまり、政府の「借金」という言い方がそもそも誤解の元であり、「債務」や「負債」という言葉を用いるべきかもしれない。* だが、ここではわかりやすさのためにあえて「借金」という言い方を続けよう。

日本政府のこの「借金」と呼ばれるものは、家計だけでなく北海道の夕張《ゆうばり》市やギリシャの借金とも異なっている。夕張市に独自の通貨は存在しないし、ギリシャは、ユーロ圏への加入とともに独自通貨のドラクマを捨て去り、通貨発行権を放棄したからだ。

夕張市役所やギリシャ政府は、通貨の製造者ではない。そのため生真面目な経済学者や経済評論家の「政府の借金が増え続ければ、ギリシャと同様に日本も財政破綻に陥る」といった警告は、たちの悪いデマでしかない。

ただし、財政破綻が起きないにしても、国債を発行して政府支出を増大させ続ければ(つまり「借金」が増え続ければ)、やがてインフレが起きるだろう。政府の「借金」が、1200兆円を超えようが問題ではないが、インフレには警戒しなければならない。

物価は商品の価値を示すバロメータだが、100円のおにぎりがその日のうちに200円になるような過度のインフレに陥れば、そうしたバロメータの役割が果たされなくなり、混乱が生じるからだ。

とはいえ、日本経済は20年以上もデフレに苦しめられており、インフレ率目標の2%が達成されないまま、コロナ危機によってデフレに舞い戻ろうとしている。

そんな状況下でインフレを懸念し過ぎるのは、長らく栄養失調だった人が、ご飯を食べたら肥満になると恐れるようなものだ。

ＭＭＴの主唱者でありニューヨーク州立大学ストーニーブルック校教授のステファニー・ケルトン氏は、２０１９年7月に催された日本での講演の折に、聴衆からインフレに関する質問をいくつも浴びせられて、呆《あき》れたようにこう返答した。「日本はデフレ気味なのに、みなさんインフレの心配ばかりしている」。

＊この点について詳しいことは、朴勝俊・シェイブテイル（２０２０）を参考にして欲しい。

ケインズ主義とは何が違うのか？

政府の借金は何ら問題ではないと主張するのは、ケインズ主義も同じではないかと考える人もいるかもしれない。

ケインズ主義にもとづく経済政策は、不況の時には政府は「借金」してでも支出を増やして景気回復を目指すが、好況の時には支出を減らすことによって、「借金」を減らすとともに景気の過熱を抑えるというものだ。

先のケルトン氏は、財政政策に対する基本的なスタンスを、（a）「財政タカ派」、（b）「財政ハト派」、（c）「財政フクロウ派」の三つに分類している。ケインズ主義は多くの場合、財政ハト派であり、MMTは財政フクロウ派である。

（a）財政タカ派は、いかなる時でも政府は財政収支をゼロないし黒字にすべきだという考えを持っている。景気がよかろうが悪かろうが、政府の支出は収入である税収以下に抑えるべきというわけだ。

ある年に財政収支が赤字になった場合は、翌年にはその赤字を埋め合わせるだけの増税を行うか支出を抑制するかして、その赤字を埋め合わせるだけの黒字をすぐさまつくり出す必要がある。

一方、（b）財政ハト派は、景気が悪い時には、政府は借金をしてでも支出を増大させて、景気をよくする必要があると考える。景気がよい時には逆に、政府支出を減らすか増税することによって、やはり赤字分を埋め合わせなければならない。

タカ派とハト派の違いがわかりにくいかもしれないが、タカ派は景気循環を考慮せずに短期的にも均衡財政を維持すべきだという立場である。それに対し、ハト派は景気循環に合わせて拡張的財政政策と緊縮的財政政策を使い分け、長期的に均衡財政が維持できればよいという立場だ。

最後の(c)財政フクロウ派は、色々な意味合いを持っているが、ここでは長期的にすら均衡財政を達成する必要がない立場であると定義しておこう。過度なインフレになるまでは、「借金」が増え続けても構わないというわけである。

それぞれを一言で言い換えると、

・財政タカ派……短期的均衡財政主義
・財政ハト派……長期的均衡財政主義
・財政フクロウ派……反均衡財政主義

となる。

主流派経済学者のほとんどは財政タカ派か財政ハト派だが、MMTは基本的には財政フクロウ派である。私は、この点についてはMMTが正しいと考えており、財政フクロウ派である。

財政ハト派のケインズ主義の問題点

私はMMT派の経済学者ではなく、かといって主流派というわけでもない。そもそも○○派などという学派は一種の目印としてあるべきであって、会員制のクラブよろしく、そこに属するとか属さないなどということ自体がナンセンスだと思っている。

私は、学派にとらわれない言わばフリースタイルの経済学者であり、そのような学者がもっと増えて欲しいと願っている。それだから、MMTに全面的に賛成というわけではないが、財政赤字は長期的にも問題ないという財政フクロウ派の考えは正しいと言うほかない。

とはいえ、インフレ好況の際に政府支出を減らして景気の過熱を抑えるのであれば、結果としてやっていることは、財政ハト派も財政フクロウ派も変わらないのではないかと思う人もいるかもしれない。

財政ハト派のケインズ主義が抱える問題の一つは、平成の日本経済のような長期停滞の際に政府支出を続けていると、政府の「借金」がとめどなく増大するため、長期的な均衡財政が達成されないのが心配の種になることだ。

平成の30年間、日本経済はほとんどの期間が長期停滞に置かれており、政府の借金は1

200兆円を超えてしまった。そうすると、「長期的に均衡財政が維持できればよい」と言いながら、30年間という「長期」にわたって均衡財政が達成されていないことになる。

このようなジレンマ（板挟み状態）に置かれた時、財政ハト派のケインズ主義者は、心が千々《ちぢ》に乱れてしまう。政府支出を増大させるにしても小出しにしたり、あるいはちょっと景気が回復しただけで増税して、景気回復を腰折れさせたりする。

さらには、ケインズ主義者であるにもかかわらず、長期停滞の原因を需要不足以外のところに求め、緊縮的な政策を唱え出すことすらある。

そのため長期停滞に対して、大胆な政策で臨むのは、財政フクロウ派でなければ難しいだろう。日本の高名なケインズ主義の経済学者が、緊縮財政を唱えているのを見て、私は何度がっかりさせられてきたことだろうか。

とは言うものの、財政フクロウ派のスタンスは、必ずしもＭＭＴの専売特許というわけではなく、主流派経済学の理論モデルにもとづいても言えるだろうと私は考えている。

そうであるにもかかわらず、不思議なことだが、ほとんどの主流派経済学者は、財政タカ派か財政ハト派のスタンスをとっている。主流派経済学者は、自分たちの理論モデルの意味をちゃんと理解できていないのではないだろうか。

そこで、ここからはMMTと主流派経済学の両方を用いて、なぜ自国通貨を持つ国の政府の借金は、それ自体問題にならないかを論じたい。

2　現代の貨幣制度とMMT

モズラーの名刺の逸話

先に述べたように、自国通貨を持つ国の政府は、自前で貨幣を発行できるのだから、そもそも借金をしたり、増税して資金調達をしたりする必要はない。政府が、ジェット機を買う必要があるならば、自分で貨幣をつくって支払えばいいのである。

「モズラーの名刺の逸話」は、そのことをわかりやすく表現している。この逸話は、MMTの創始者と目されるウォーレン・モズラー氏の実体験と言われている。

モズラー氏は、大学教員のようなアカデミックな学者ではなく、投資家であり、エンジニアでもある。投資で大儲けしたようで、プール付きの大邸宅に住んでいる。

そんなモズラー氏は、子どもたちが家の手伝いをしないことを不満に思っていた。そこで、「家の手伝いをしたらパパの名刺をあげるよ」と子どもたちに持ちかけた。皿洗いや庭の芝刈りをしたら名刺を渡すというわけである。

ところが、子どもたちは一向に手伝おうとしない。なぜかと聞いたら、「だって、パパの名刺なんて欲しくないから」と答える。

そこで、モズラー氏は、子どもたちに手伝いをさせるために、月末に30枚の名刺を納めることを義務付けた。そして、名刺を納めないと外出禁止にするぞと脅した。それで子どもたちが目の色を変えて手伝いを始めた。

なお、モズラー氏にとって名刺という紙切れには大した価値はない。子どもたちから受け取った名刺はシュレッダーにかけてしまっても、すぐに印刷できるので特に問題ない。もちろん、名刺を再利用してまた子どもたちに配っても構わない。

重要なのは、モズラー氏は名刺が欲しくて子どもたちから集めているわけではなく、子どもたちに手伝いをさせたくて集めているということである。

この名刺は、もちろん通貨のアナロジー（類似的な概念）になっており、この小話から政府にとって租税が資金源ではないことがわかる。

モズラー氏が名刺を欲しいわけではないのと同様に、政府も通貨が欲しいわけではない。

名刺にせよ紙幣にせよ、印刷すれば済む話だ。租税を徴収しなかったとしても、政府は紙幣を印刷することで(キーボードを叩くだけで)、いくらでも資金を生み出すことができる。

そもそも政府が国民から借金をするというのもおかしな話だ。モズラー氏は名刺が足りないからといって、子どもたちから自分の名刺を借りるだろうか? そんなお願いをしたら、「パパのプリンターで刷ればいいじゃないか」と一蹴されてしまうだろう。

お金を使うとお金が増える

MMTの貨幣観の本質は、このような逸話から得られる洞察が、現実の貨幣にも当てはめられるということだ。

話をややこしくしているのは、政府と中央銀行の分離である。しかし、政府と中央銀行を一括りにすれば、一つの「統合政府」として見ることができる。これは、会計的に一体として見るということに過ぎないので、中央銀行の独立性とは基本的には関係がない。

しかも統合政府というのは、むしろ主流派経済学でよく使われる用語であり、こうした見方はMMTならではのものではない。MMTが明らかにした重要な点の一つは、一見複雑な現代の貨幣制度の下でも、統合政府という観点から考えれば、モズラー氏の名刺の逸

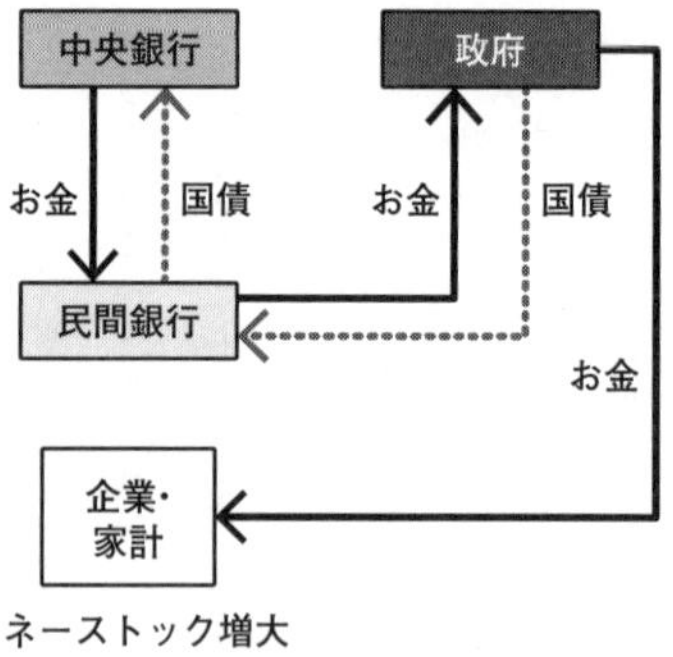

図表3–1　近代以降の貨幣システム

話から得られる洞察がぴったり当てはまるということだ。

近世以前には、中央銀行も国債もなかったから、話は簡単だった。紙幣は中国の宋《そう》の時代に初めて使われるようになったが、宋朝の政府は支出をする際に自ら紙幣を刷って使うのでよかった。

もちろん、紙幣を発行し過ぎて過度なインフレにならないように気を付けなければならず、王朝末期には軍事支出がかさんだことでハイパーインフレが引き起こされた。ハイパーインフレが起きないようにするには、支出を抑制するか、租税を重くして世の中に出回っている紙幣を回収する必要があったのである。

現代の貨幣システムは、図表3−1のように表される。政府と中央銀行の間に民間銀行が挟まっており、この民間銀行を介して政府と中央銀行が間接的に国債と貨幣のやり取りをしている。この国債の存在がさらに貨幣システムを複雑にしている。

まず、政府支出を行うと世の中に出回っているお金「マネーストック」が増える点が重要だ。なお、図表3-1では、政府が持っているお金を家計や企業に配っているかのように描いているが正確ではない。

現代の政府はお金をつくって支出するというよりも、支出することでお金を生じさせている。なぜなら、現代においてお金は基本的には紙幣ではなくコンピュータ上のデータだからである。宋朝の中国のように、紙幣を刷ってから支払いに充《あ》てるという手順は必要ない。

政府がジェット機を買う際には、ジェット機をつくった企業の銀行口座にコンピュータ上のデータとして、100億円と書き込めば支払いが済んでしまう。その瞬間100億円のお金(マネーストック)がこの世に新たに発生する。

どこかからお金を調達してきて企業に支払ったわけではなく、無からお金をつくり出している。私たちは政府が支出するとその分だけお金が消えてなくなると考えがちだが、それはまったく逆であって、むしろお金が増えるのである。

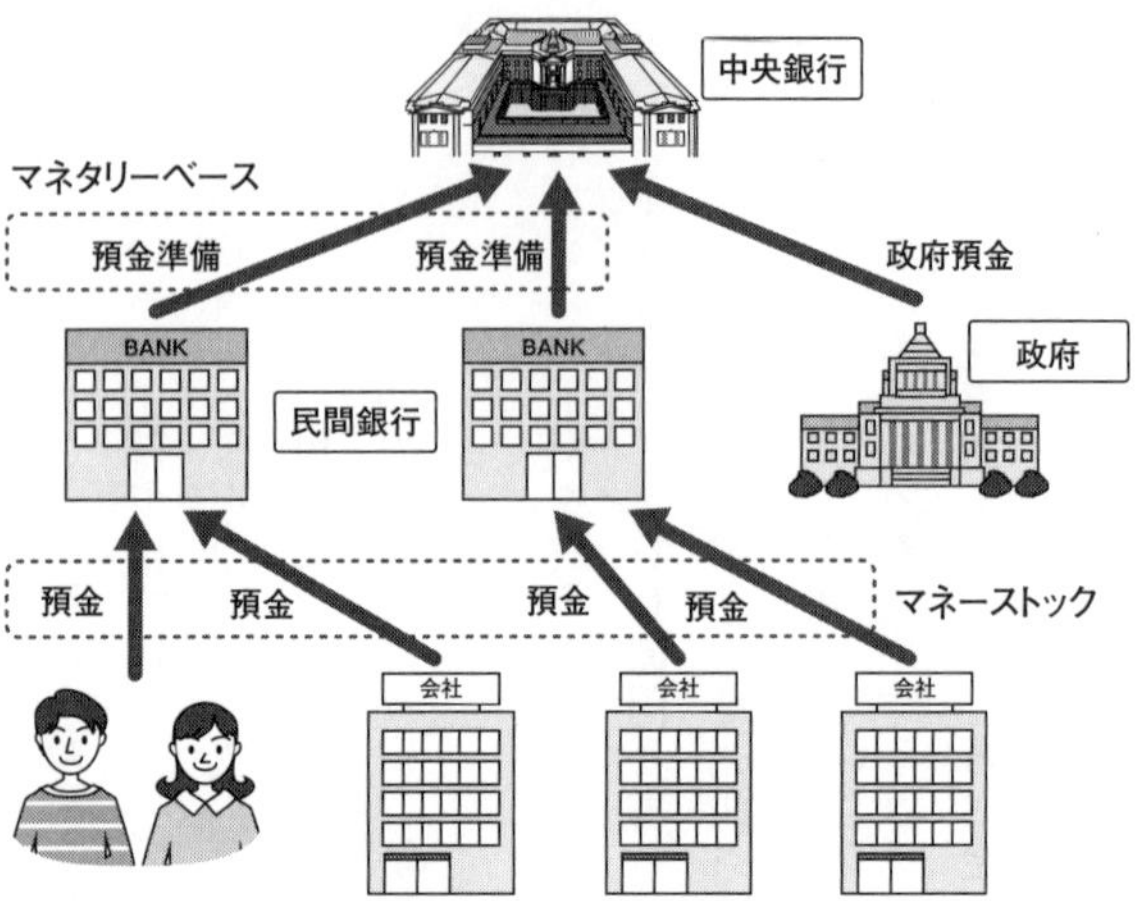

図表3–2　マネタリーベースとマネーストックの違い

マネーストックとマネタリーベースの違い

ただし、お金と一口で言っても二種類考える必要があって、「マネーストック」のほかに「マネタリーベース」がある。まずマネーストックは、企業や個人といった普通の民間経済主体が使うお金で、「預金」と「現金」から成り立っている。

一方でマネタリーベースは、銀行同士の取引に使う特別のお金のことで、「預金準備」と「現金」から成り立っている。大半は預金準備なので、この際、現金は無視しよう。

預金準備は、図表3–2のように、民間銀行が中央銀行に預けているお金である。私たちが民間銀行にお金を預けているのと同様に、民間銀行は中央銀行にお金を預けている。それゆえに、中央銀行は「銀行の銀行」と呼ばれる。

マネタリーベース(預金準備)は、銀行同士の取引のほかに、「政府と民間銀行の取引」にも使われる。

なお、政府が日銀に預けているお金は「政府預金」と言われており、マネタリーベースには含まれないが、マネタリーベースと同類のお金であると見なされ得る。

現代の貨幣制度の下では、政府は支出する際に政府預金に相応の残高がなければならない。これは原理的に必要とされているわけではなく、そういう「縛り」が設けてあるというに過ぎない。

言い換えると、政府預金なしに政府支出が可能であるように制度を変更することもできるが、現状そうはなっていないのである。さらに、政府預金の残高を増大させるには、増税するか国債を発行しなければならないという縛りも設けられている。

3　お金はいつ生まれ、いつ消えるのか

政府支出と徴税の際のお金の動き

先ほどのジェット機の例をもう一度見てみよう。図表3－3のように、政府がジェット機の購入のために100億円支出すると、ジェット機をつくっている企業の預金が100億円増大し、企業が預金口座を持つ民間銀行の預金準備も100億円増大する。

この時、民間銀行の「バランスシート」は、図表3－4のように変化する。バランスシートという会計用語について、ここでは知る必要はない。預金と預金準備の両方が増大していることがわかれば十分だ。

なお、図表3－3のように民間銀行の預金準備が増大する際に、政府預金の残高が減っている。つまり、政府預金から銀行の預金準備への振り替えが起きるのである。

政府支出とは逆に、徴税した場合は納税者の預金が減少し、納税者が口座を持つ民間銀行の預金準備も減少する。その分だけ政府預金が増大する。民間銀行から政府預金への振り替えが起きるのである（図表3－5）。

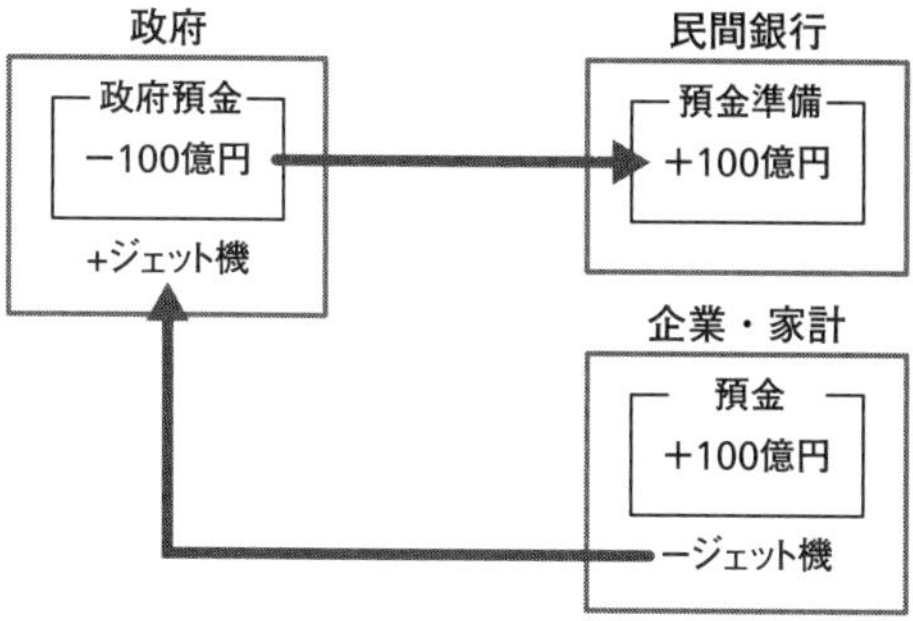

図表3–3　政府支出を行った場合の預金と預金準備の変化

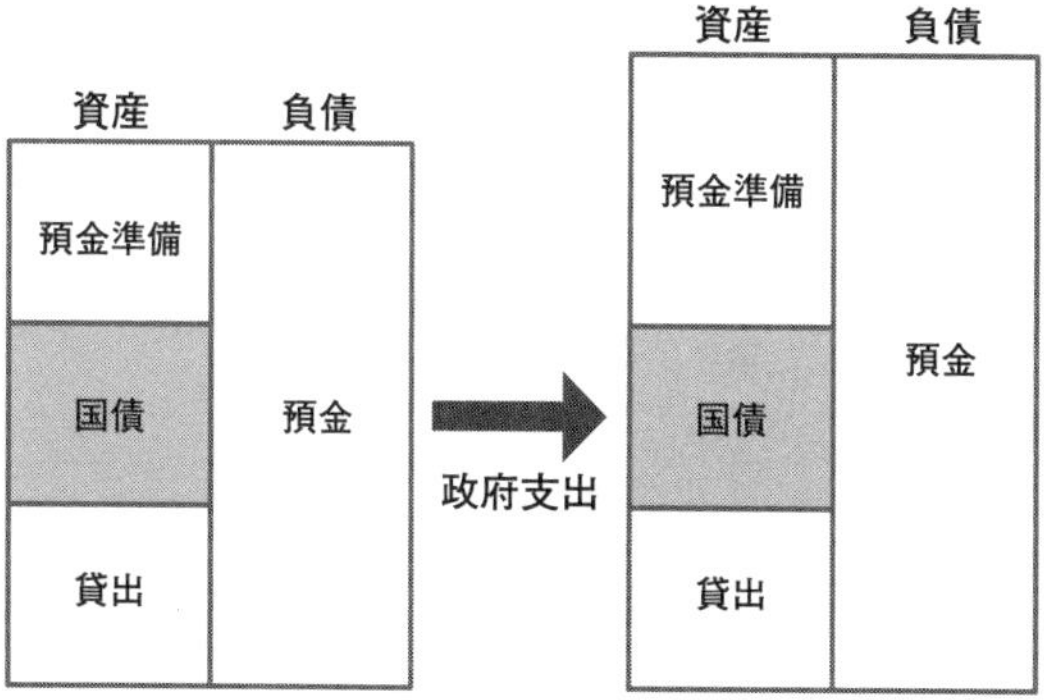

図表3–4　政府支出を行った場合の民間銀行のバランスシートの変化

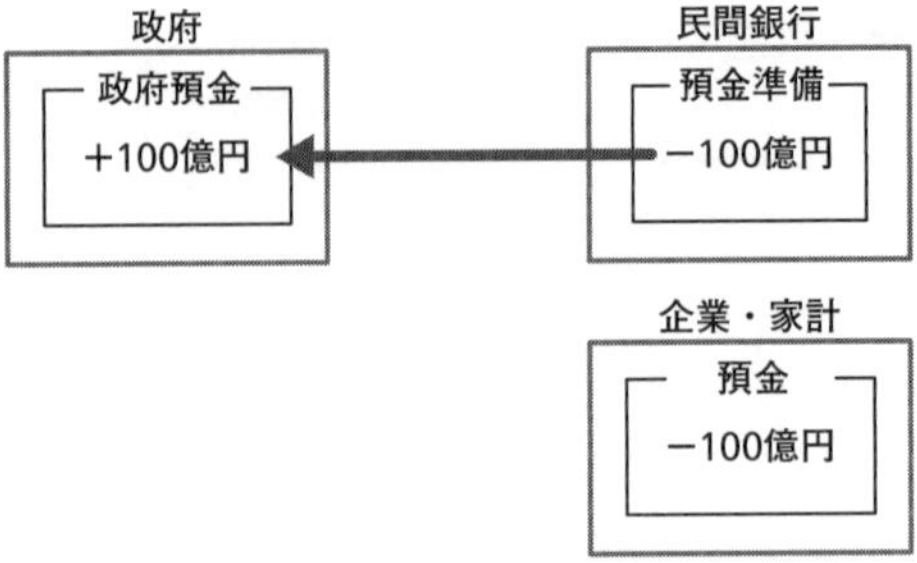

図表3–5　徴税した場合の預金と預金準備の変化

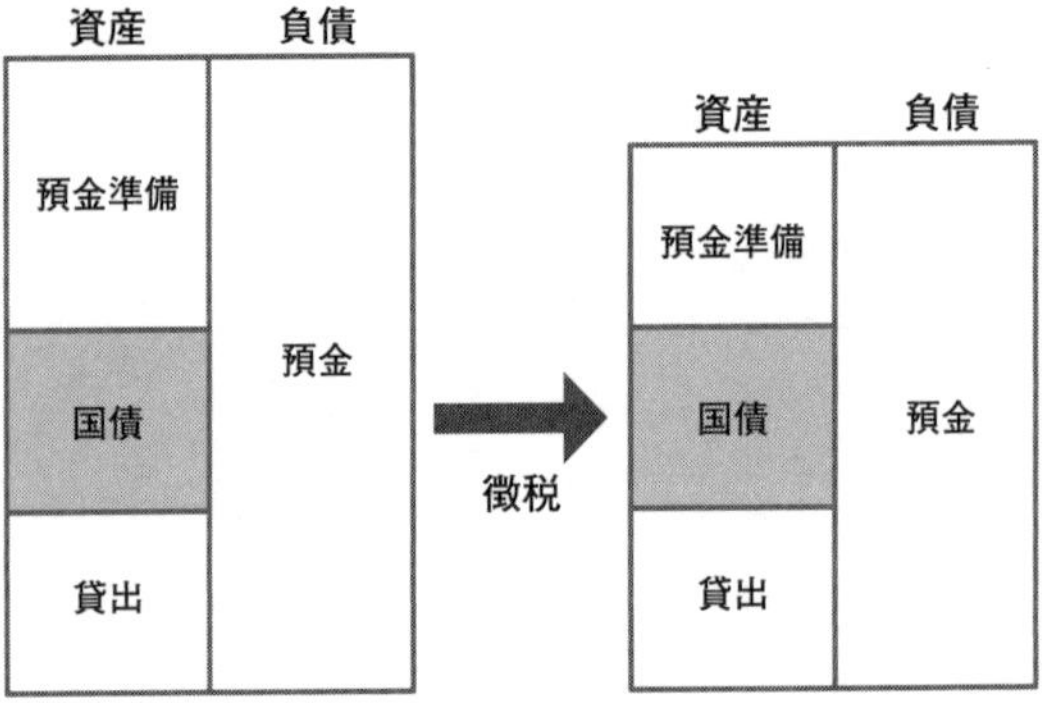

図表3–6　徴税した場合の民間銀行のバランスシートの変化

徴税すると、税額分の預金、つまりマネーストックが消滅することに注意しよう。この時、民間銀行のバランスシートは、図表3-6のように変化する。預金と預金準備の両方が減少するのである。

増税した分を政府支出した場合、マネーストックは総じてプラスマイナスゼロであり、マネタリーベース（預金準備）も政府預金もプラスマイナスゼロである。

日本を衰退に導いた大いなる勘違い

国債を発行した分を政府支出した場合もプラスマイナスゼロになると思われるかもしれないが、一般的にはそうではない。政府が借金をすれば、増税同様に、その分だけ世の中に出回っているお金が消滅するわけではないのである。

というのも、多くの場合に国債を購入するのは民間銀行だからである。民間銀行は預金で国債を買うのではなく、預金準備で買う。この点については、未だに多くの経済学者が勘違いしているし、私も最近までしっかりわかっていなかった。

図表3-7のように、民間銀行が政府から国債を100億円購入すると、預金準備が100億円減少し、政府預金が100億円増大する（それとは別に、民間銀行の預金準備がプラ

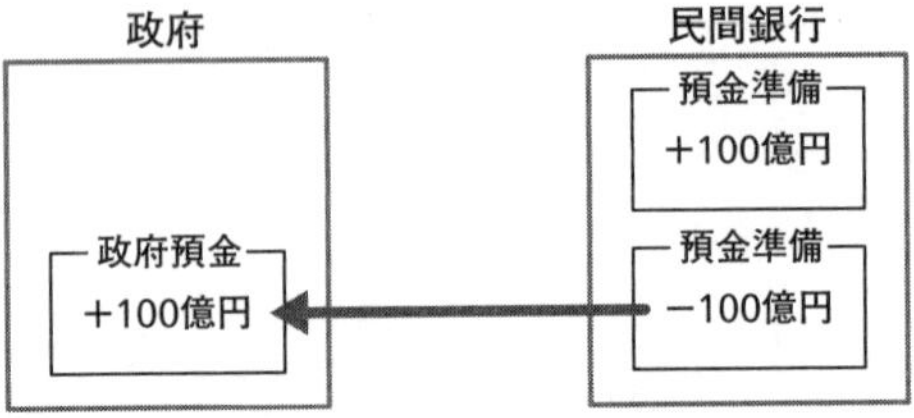

図表3–7　民間銀行が国債を購入する場合の預金準備の変化

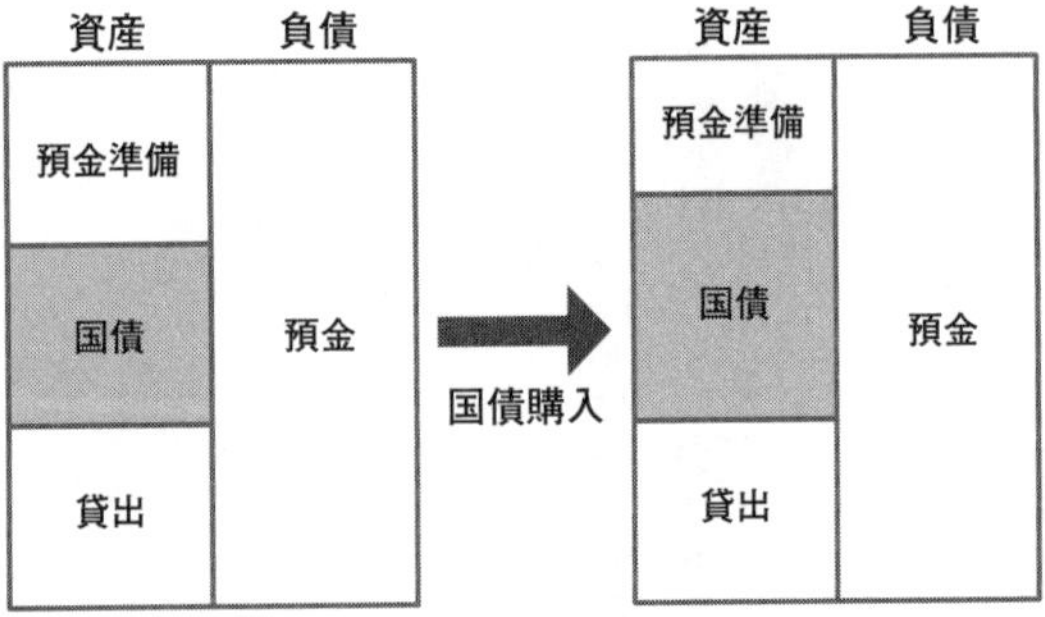

図表3–8　国債を購入した場合の民間銀行のバランスシートの変化

ス100億円増大されていることについては後述する）。

その際、図表3−8で表されているように、民間銀行の預金準備が減少して、その分だけ保有する国債が増大する。預金に変化はない。

「政府が借金を続けると預金の上限に達してしまい、それ以上ファイナンス（資金調達）できなくなるので、借金を減らす必要がある」と何人もの著名な経済学者が主張してきたが、それは完全な間違いだ。

このような間違った認識にもとづき財政再建が目指され、そのために消費税が増税されて経済停滞が長引いたのだとすると、もたらされた害悪はあまりも大き過ぎる。「日本を衰退に導いた大いなる勘違い」と言ってもいいだろう。

民間銀行が預金準備で国債を購入するのだとすると、いずれ預金準備が枯渇《こかつ》して限界に達してしまうのではないかと思う人もいるかもしれない。

民間銀行が預金準備をどの程度持つかということは法律で決められている。「法定準備率」といって、例えば預金の１％の預金準備を維持する必要があるというように決まっているのである。

通常、民間銀行は法定準備率をギリギリ満たす程度の預金準備しか保持していない。だとすると、国債を購入するための余分の預金準備は持ち合わせていないはずだ。

だから、民間銀行が国債を購入するタイミングで、中央銀行はそのための資金である預金準備を民間銀行に対して供給して増大させるのである。その際、中央銀行は図表３−９のように「既発債」を購入する。

つまり、民間銀行が保持していた古い国債を購入して、その見合いとして預金準備というお金を渡すのである。図表３−７の民間銀行の預金準備のところに「プラス１００億円」

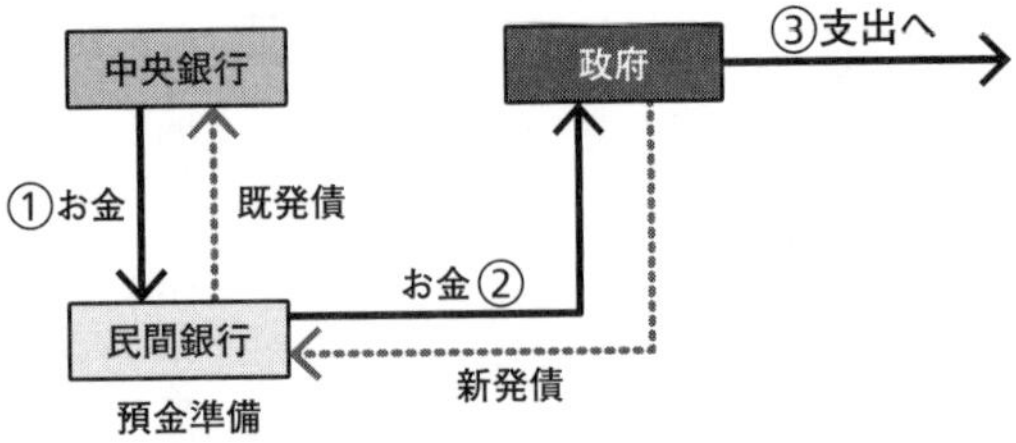

図表3–9　国債を発行し政府支出を行う際のプロセス

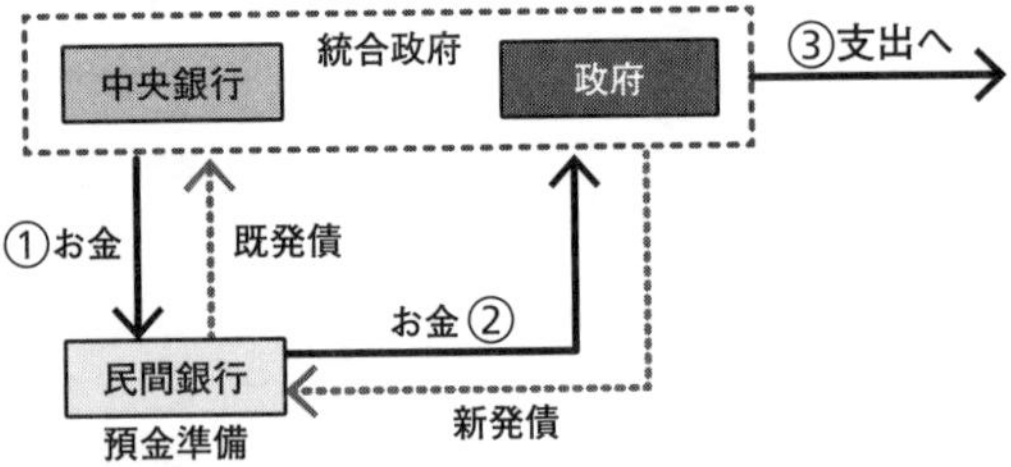

図表3–10　国債を発行し政府支出を行う際のプロセス（統合政府）

とあるのは、そのお金を表している。民間銀行はそのお金でもって、新たな国債（新発債）を購入する。

図表3－9から、政府預金の元手をたどると中央銀行が供給する預金準備だということがわかる。

先ほども述べたように、政府預金に残高がなければ支出できないという縛り自体が本質的ではないのだが、その縛りを前提に考えたとしても、政府が使う資金の元手は中央銀行であり、他所から持ってくる必要はない。

統合政府という括りで見た場合、図表3－10のようになる。つまり統合政府は、自分が使う資金(政府預金の元)を自分でつくり出しているのである。言わば自家発電しているのであって、他所から電気を買ってきているわけではない。

政府と中央銀行の間に民間銀行が挟まっているので、民間部門から資金調達しているように見えるが、それは見せかけであって、本質的には自らお金(預金準備)をつくり出して資金調達しているのである。

したがって、民間銀行が政府の資金を供給できなくなるなどということは決して起こり得ない。それはそもそも、政治家や官僚だけでなく、経済学者ですらも抱いていた勘違いから生じた杞憂《きゆう》に過ぎないのである。

お金を増やすには「借金」しかない

政府支出、租税、国債発行によって世の中に出回るお金(マネーストック)がどう変化するのかをまとめると、

政府支出……お金が増える
租税……お金が減る

国債発行……お金に変化なし

となる。

そうすると増税した分を政府支出すればマネーストックは変化せず、国債を発行した分を政府支出するとマネーストックは増える。すなわち、

租税＋政府支出……お金に変化なし

国債発行＋政府支出……お金が増える

ということである。

ここから、政府が「借金」をして支出するとお金が増えることがわかる。逆に言うと、お金を増やすには政府は「借金」をしなければならない。

一般には、民間銀行が「信用創造」を行うことによってマネーストックが増大すると考えられている。信用創造は、民間銀行が企業などに貸し出しを行う際にお金をつくることを言う。

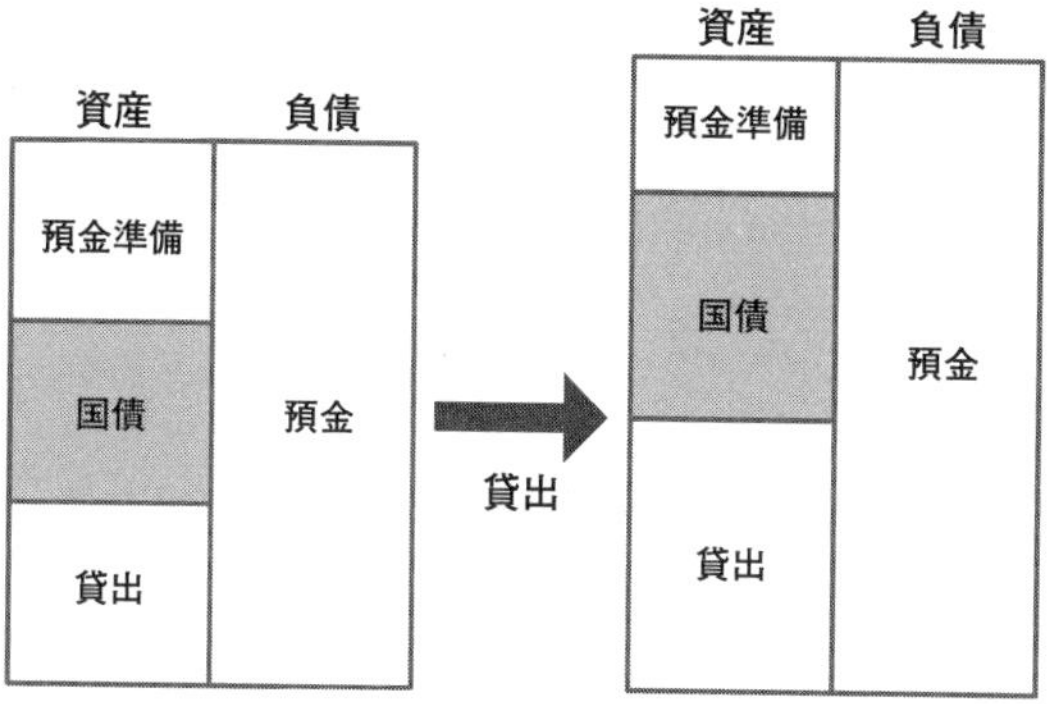

図表3–11　貸し出しを行った際の民間銀行のバランスシートの変化

主流派経済学の教科書には、預金が貸し出しに回されるという「又貸し説」が掲載されている。MMTはこの又貸し説を批判しており、民間銀行が企業などへの貸し出しの際に「キーストローク」(コンピュータのキーボードを叩くこと)によって貨幣をつくり出すと論じている。

民間銀行が企業に10億円を貸したかったら、その企業が民間銀行に持つ銀行口座に10億円のお金をデータとして生じさせればいいだけだ。どこかから資金調達をしてくる必要はない。

その際、図表3–11のように、民間銀行のバランスシートは、預金と貸出の両方が増大する。要するに、銀行が企業に貸し出しを行うと同時に、預金というお金(マネーストック)が増大するのである。

プラス金利下であれば、中央銀行による金利引き下げ政策によって、貸し出しを増大させて、マネーストックも増大させることができる。だが、いまのようなゼロ金利の下では、このような政策を実施することはほとんど不可能である。

したがって、マネーストックを増大させるには、政府の「借金」を増やすしかない。そしてマネーストックが増大すればデフレからの脱却が可能になる。つまり、「財政不健全化」こそが正しい政策なのである。

なぜ税金は財源ではないのか？

世の中に出回るお金は、政府支出によって生まれ、租税によって消滅する。これが事実だとすると、そもそも政府支出を行うために税金をとって財源を確保する必要はないという考えに至る。

実際、MMTには「租税は財源ではない」という言い回しがある。ただし、この言い回しが正しいかどうかは、単に「財源」の定義によるのではないかと思っている。図表3－12のような三つの階層にもとづいて詳しく検討してみよう。

一番下は、「歳入・歳出のレイヤー」である。通常、財源というと租税か国債のいずれ

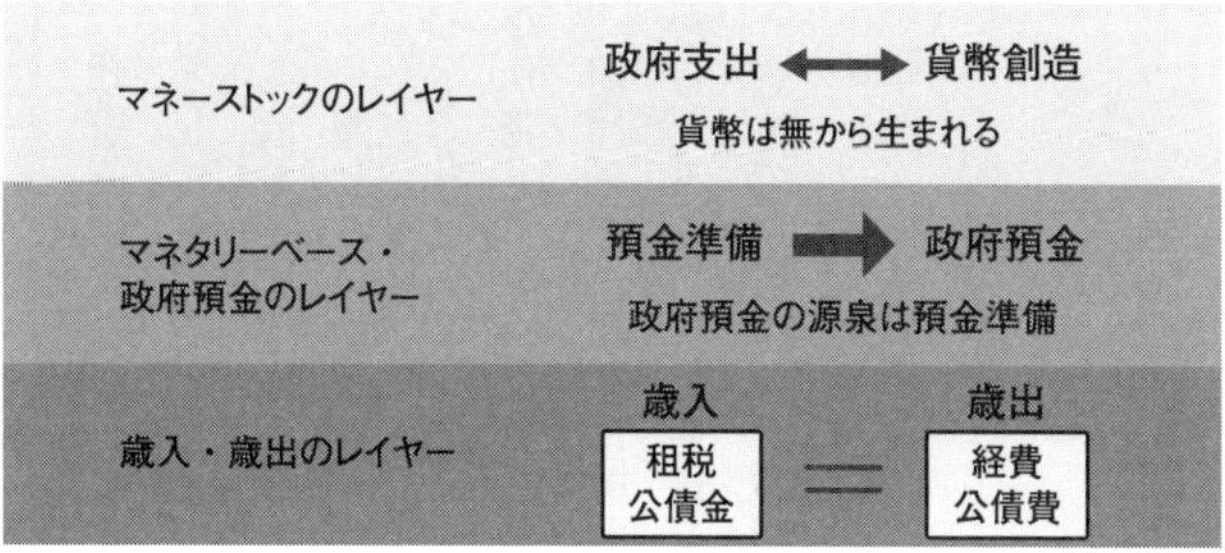

図表3–12　財源をめぐる三つのレイヤー（ここでの「経費」は「基礎的財政収支対象経費」のこと）

かと見なされているのは、このレイヤーで見ているからだ。だが、歳入と歳出を一致させるというのは、自国通貨を持つ国にとっては本質的な縛りではない。

自国通貨を持たない国では、国債を発行するか増税するかして、統合政府の外からお金を集めて資金調達するしかない。それに対し、自国通貨を持っている国はいわば通貨製造機を持っているので、プリンターで名刺を印刷するモズラーパパよろしく、紙幣をただ印刷するのでよい。

実際には、印刷すら必要なく、お金としてのデータを発生させれば資金調達できる。歳入と歳出を一致させるのが本質的な縛りではないというのは、こういうことだ。

真ん中は、「マネタリーベース・政府預金のレイヤー」である。政府預金の元手はマネタリーベース（預金準備）であり、租税か国債によって預金準備から政府預金への振り替えがなされる。そして、その預金準備を供給しているのは中央銀行である。

政府支出にあたって政府預金が必要だという縛りも本質的ではないが、それを前提にしたとしても、その元手である預金準備をつくり出しているのは統合政府自身であり、他所から資金を調達する必要がないと言い得る。

一番上の「マネーストックのレイヤー」を見ると、マネーストックは政府支出によってつくり出されている。マネーストックは振り替えによって生じるのではなく、無からいきなり発生する。資金を調達してきてから支出するわけではないのである。

MMTが「租税は財源ではない」というのは、おそらく上の二つのレイヤーで見ているからだろう。自国通貨を持つ国の政府は、他所から資金調達してくる必要がない。そういう意味で「租税は財源ではない」と言っているのだ。

4　政府の「借金」はなぜ問題ないのか

「借金」を増やしてもよい理由

自国通貨を持つ国の政府は、自前でお金をつくり出せるので、他所から資金調達してくる必要がない。とは言ったものの、本質的ではないにしても、歳入と歳出を一致させなければならない。つまり、「歳出＝租税＋国債」という等式を満たさなければならないという縛りがある。

縛りがある以上、増税しないまま、政府支出を増大させる拡張的な財政政策を維持したら、とめどなく政府の「借金」が膨らんでいくことになる。その点についてはどう考えたらよいだろうか？

まず、自国通貨を持つ国かどうかにかかわらず、政府の「借金」が増大すること自体は害悪とは見なし得ない。私たち生身の人間は残念ながら死ぬ定めにあるから、元気なうちに借金を完済しておかないと貸し手や家族に迷惑を掛けることになる。

それだから、借金は早めに返したほうがよいし、借りずに済むのであれば借りないほうがよいだろう。私個人は借金するのが大嫌いであり、学生時代に手持ちがなくて飲み代を友人から借りた以外に借金をしたことはない。

ところが、一般的な企業や銀行、政府は個人と違って「永続する主体」として考えられる。企業は社債を発行して資金調達を行う。さらに「借換債《かりかえさい》」(債券の償還のために発行される新たな債券)を発行し、借金をし続けることがある。借金は完済されるとは限らないのである。

銀行はそもそも「借金」を拡大させ続ける経済主体だ。預金は銀行の負債つまり「借金」であり、基本的に銀行はこの「借金」を完済することはない。それどころか、増大させ続けるのが普通だ。政府もまた、永続することが前提の組織であり、生身の人間とは異なる。

いまの資本主義経済は、永続的な経済主体は必ずしも借金を完済する必要がないという前提で成り立っている。それは、借金を踏み倒していいという意味ではない。「借金し続けること」と「期日に借金を返さないこと」はまったく異なっている。

債券は満期(返済期限)が来たら償還されなければならない。平たく言えば、借りたお金は返さなければならないということだ。ただし、その際に借換債を発行することで借金を継続できる。

だが、もし日本政府が２０２５年に終了ということであれば、その時点で借り換えはできなくなるので、終了の年までに借金を完済する計画を立てなければならない。完済の見込みがないのであれば、誰も国債を買わないだろう。

ところが、実際の日本政府は永続する組織であるかのように扱われるため、ある時点で「借金」を完済しなくても問題はない。その点は、主流派経済学でも考慮に入れられており、その理論にもとづいても国債残高をゼロにする必要はないと言える（本章の補論を参照）。

国債を貨幣化するとどうなるか？

ただし、自国通貨を持たない国が「借金」を膨らませると、金利が高騰《こうとう》する可能性がある。そうすると、利払いのために余計に「借金」をするか、あるいは増税してまかなわなければならない。

それに対し、自国通貨を持つ国では、政府（中央銀行）自らが通貨製造機を持っているのだからそれを活用すればよい。すなわち中央銀行が買いオペして、国債と通貨を交換するのである。

国債も通貨もどのみち統合政府の負債だから、交換しても何ら変化がないと思う人もいるだろうが、通貨は言わば「無利子永久債」(利払いがなく、償還期限もない債券)である。通貨は形式的には中央銀行の負債だが、利払いが必要ないし、永久債なので借り換える必要もない。

2018年に、イタリアで、「ミニBOT」という国債を発行する計画が発表された。これは無利子永久債、つまり金利が付かないし、償還期限もない国債だった。その代わりに、納税や決済(買い物)に使えるという触れ込みだった。

要するにこれは通貨であり、実際にユーロとは別の「第二の通貨」などと言われていた。ユーロ圏の国が通貨を勝手に発行したら、ユーロの意味がなくなってしまうので、EUの本部から大目玉を食らって、この計画はとりやめになったという。

このエピソードは、国債と通貨がいかに近いものであるかを示している。国債をゼロ金利にし、満期を無くして買い物を可能にしたものが、すなわち通貨なのである。

こうした無利子永久債である通貨を発行しても、永久に利払いの必要はなく、心配しなければならないのはインフレだけである。

だから、世に出回っている(民間銀行が有している)国債をどんどん日銀が買い入れて通貨に変えてしまえ、というのが私の主張したいことだ。このような国債と通貨の交換を「マネタイゼーション（貨幣化）」という。

いまは国債もほぼ金利ゼロなので、マネタイゼーションには意味がないと思うかもしれない。国債も通貨も金利ゼロの負債なのであれば、両者を交換しても何も起こらないというわけだ。

だが、国債のほうは今後金利が上昇する可能性がある。このまま金利が上昇せず、結局は「永遠のゼロ」という可能性もあるが、金利上昇の可能性がある限り、マネタイゼーションして国債を無利子永久債である通貨に変換しておくにこしたことはない。

仮に金利が上昇しても、その際の利払いも全部通貨を発行して返せばいいので、マネタイゼーションは必要ないと思う人もいるかもしれない。だが、利払いのために新たに通貨を発行すれば、そのために過度なインフレを引き起こす可能性がある。マネタイゼーションこそが政府の「借金」を無害化できるのである。

補論　ドーマー条件と横断性条件

本章の補足として、以下では政府の「借金」を論じる際にしばしば用いられる「ドーマー条件」と「横断性条件」について説明する。その上で、マネタイゼーションの持続可能性について検討したい。若干専門的で込み入った話になるので、読み飛ばしてもらっても構わない。

ドーマー条件とは何か？

政府の「借金」をめぐる議論では、「借金」のGDPに対する比率が問題となることが多い。図表3-13のように日本の「債務残高の対GDP比」は、財政破綻状態に陥ったギリシャと比べてもかなり高い。危険視する声が多いのは、そのためである。

長らく経済学では、政府に「借金」があっても、債務残高の対GDP比が減少傾向であれば、それは問題ない(財政が持続可能)とされてきた。そして、プライマリーバランスが均衡している、つまり雑に言えば税収と政府支出が同じだとすれば、「ドーマー条件」が満たされている時、この比率は小さくなっていく。
アメリカの経済学者エブセイ・ドーマーによって提唱されたドーマー条件は、

名目金利 ＜ 名目成長率

と表される。すなわち、国債の金利が経済成長率よりも小さい、ということだ。

先ほど述べたように、プライマリーバランスが均衡しているということは、税収が支出を上回って債務残高が減ることも、税収が支出を下回って債務残高が増大することもない状態を意味する。したがって、この時、政府の債務残高は金利の分だけ増大する。

しかし、ドーマー条件が満たされていれば、金利によって債務残高が増える分よりもＧＤＰの増大分が大きくなるので、債務残高の対ＧＤＰ比はどんどん小さくなる。

そして、それを永遠のかなたにまで延長すれば、その割合は

日本	266%
アメリカ	131%
イギリス	108%
イタリア	162%
ギリシャ	205%

図表3–13　債務残高の対GDP比（2020年）　出所：IMF「World Ecomic Outlook」

限りなくゼロに近づくことになる。したがって、この条件を満たしている限り、財政破綻は起きないと考えられている。そうすると、債務残高が増え続けること自体が持続不可能なのではなく、経済成長率との兼ね合いが問題になる。

ところが、主流派の基本的な理論モデル（人口増加率がゼロで効用関数が対数型のモデル）では、

名目金利＝主観的割引率＋名目成長率

となり、ドーマー条件とは逆の「名目金利 ＞ 名目成長率」が成り立ってしまう（主観的割引率については、あとで説明する）。

実証的にも、フランスの経済学者トマ・ピケティが『21世紀の資本』で、過去２００年以上の間、「金利 ＞ 成長率」が成り立ってきたことを示して有名になった。

そうすると、プライマリーバランスの黒字化を目指さなければ、財政破綻が生じるかもしれない。だが、図表３－13からわかることは、ギリシャよりもこの比率がかなり高い日本が、いまだに財政破綻に陥っていないということだ。そこで、そもそも債務残高の対G

DP比という指標は、本当に適切なものなのだろうかという疑問が生じてくる。

横断性条件とは何か？

ドーマー条件が当てにならないとすると、一体どんな条件を参照すればよいのだろうか？　経済学者の中で徹底的な検討がなされたというわけでもなく、いつの間にやら先端的なモデルにもとづく議論では、ドーマー条件ではなく「横断性条件」というものが用いられるようになった。

横断性条件というのは、「終わりの日」に財産を使い切ることを意味している。相続する相手がいない場合、自分が持っている財産は死ぬ日までにすべて使い切るのが合理的だ。実際には、いつ死ぬかはわからないので、ぴったり使い切ることはなかなかあり得ない。だが、合理的な人間はそのように振る舞うだろう、と単純化して仮定することができる。

しかし、相続する相手がいれば、個人が死んだとしても、その子々孫々に財産を永遠に引き継いでいくことが可能だ。この子々孫々まで含めて一括りにした家計を最近の経済学では「ダイナスティ（王朝）」という。

ダイナスティの存在を前提にして考えると、横断性条件がいう「終わりの日」は永遠のかなたへと追いやられることになる。

そこで私たちに、永遠のかなたの財産について考える必要が生じる。その際に必要なのは、「割引率」という概念だ。

例えば、私たちは今年100万円をもらうのと、来年100万円をもらうのではどちらがよいかと問われたら、ほとんどの人が今年100万円をもらうことを選択するはずだ。もし来年もらうのであれば、1年間我慢するのだから、3%割り増しの103万円くらいもらわないと割に合わないなどと思うだろう。この場合、割引率は3%となる。つまり割引率は、未来の財産の価値を現在に換算すると、どの程度割り引かれるかを示している。

割引率が3%ならば、来年の103万円は、現在の価値にすると100万円ということになる。このように未来の財産の価値を割り引いて、現在の価値に直したものを「割引現在価値」という。

なお、財産の割引率は一般的には金利と同じになるはずだ。なぜなら、割引率が3%であるならば、お金を預けて1年我慢して待った分の3%の金利が付いていなければ釣り合わないからだ。

いままで述べた割引率（つまり金利）は財産を割り引く時に用いるものであり、消費から得られる効用（満足度）を割り引く時には、「主観的割引率」を用いる。来年の消費から得られる効用を現在の価値に直す時に、この主観的割引率の分だけ割り引くのである。

主観的割引率は心理的なものであり、金利とは異なり経済動向には左右されず、変化しないものと考えられている。ただし、主観的割引率の具体的な数値は、2～4％と経済学者によって開きがあり、意見の一致は見られない。

計算過程は割愛するが、経済の実質成長率がゼロであれば、

実質金利r＝主観的割引率ρ

が成り立つ。財産を割り引く時に用いる割引率、つまり実質金利r（以下、金利）と主観的割引率ρ（ロー）は同じになるのである。

成長率がプラスである場合には（先に示した式を実質に直して）、

金利r＝主観的割引率ρ＋実質成長率g

が成り立つ。金利rが実質成長率g（以下、成長率）に応じて変化するという点に注意して欲しい。

以上の知識を踏まえて、「終わりの日に財産を使い切る」という横断性条件を、永遠に続くダイナスティに当てはめてみたい。

ダイナスティの場合には、永遠のかなたにおける財産の割引現在価値がゼロでなければならない。これが大学院レベルのマクロ経済学の教科書に度々登場する無限期間の横断性条件である。

仮に財産のすべてが国債である場合、横断性条件は、

$$\lim_{t \to \infty} be^{-rt} = 0$$

と表せる。bは（実質）国債残高、eはネイピア数、tは時間である。この式は、永遠のかなたにおいて国債残高の割引現在価値がゼロになるという意味だ。

仮に国債残高bが一定の割合ϕ（ファイ）で増大するならば、「金利r＝主観的割引率ρ

＋成長率g」なので、この横断性条件は、

国債残高が増える割合ϕ ＜ 主観的割引率ρ ＋ 成長率g

の時に成立する。

日本の２０１０年から２０１９年までの10年間における政府債務の平均増大率は約２・７％で、平均名目成長率は約１・１％である。したがって、主観的割引率が２％であっても、この不等式は成り立つ。少なくともこの10年間については、主流派経済学の先端的な理論に照らしても、日本の財政赤字は問題ないと言えるだろう。

だが、政府の「借金」をさらに激増させた場合には、横断性条件が成り立たなくなって、何らかの財政危機が訪れるのだろうか？　あるいは、ＭＭＴが言うようにインフレにならなければ問題ないのだろうか？

ノン・ポンジ・ゲーム条件

横断性条件は、政府の側から見ると「借金」したまま永遠に逃げ切る行為は、ある意味で禁止されていることを意味する。正確に言うと、「借金」の割引現在価値がプラスであるような逃げ切りが禁止されているということだ。

経済学では、こうした禁止条件を「ノン・ポンジ・ゲーム条件（借り逃げ禁止条件、No-Ponzi Game Condition、NPG条件）」という。この用語は、20世紀初頭に活躍したチャールズ・ポンジという稀代《きたい》の詐欺師《さぎし》に由来している。

ポンジは、高配当の投資案件（要するにべらぼうな儲け話）の出資を募ったが、収益が得られるような事業をまったく行っていなかった。では、どうやって配当のための資金を得たかというと、さらに出資を募ってまかなったのである。やがて、この自転車操業は露見《ろけん》し、ポンジは詐欺罪で捕まった。

しかし、このネズミ講的な詐欺手法は、当時としては独創的であった。そのため、借金のための借金が許されるのかという問題に転用され、ポンジの名前は経済学の教科書に刻まれるまでに至った。

ただし、経済学のNPG条件は単純に借金のための借金がいけないということではなく、「借金」の割引現在価値がゼロにならなければならないことを指す。

他国を除外して考えると、政府の「借金」は国民の財産と言える。したがって、政府の

ＮＰＧ条件は、国民の持つ財産の割引現在価値がゼロになるという横断性条件とちょうど表裏一体の関係を成している。

政府がある日に終了するとして、それまでに「借金」を完済する見込みがなければ、その国債は買われないと先に論じた。そのような条件を半ば無理やり永遠に続く政府にも当てはめたのが、無限期間の横断性条件でありＮＧＰ条件である。

「半ば無理やり」と述べたのは、無限期間の横断性条件やＮＧＰ条件が妥当なものであるかという点については、経済学者の中でも賛否両論あるからだ。

マネタイゼーションした場合はどうなるか？

例えば、まったく儲かる事業を行っていないにもかかわらず、高い利回りの社債を売る会社があったとしよう。だが、それをずっと隠し続けることは難しく、やがて内実が明らかになるはずだ。

そうなれば、投資家たちがそんな会社の社債を買い続けることはあり得ないだろう。つまり、ポンジ・ゲームは短期間の詐欺として成り立つに過ぎない。

慢性的にプライマリーバランスが赤字の国は、この儲かる事業を行っていない会社に類似している。そういう国の国債は、いつか買い手が付かなくなるか、金利が暴騰して利払いが不可能になるだろう。

したがって、横断性条件が正確な判断基準になるかどうかは別にしても、やはり国債残高の増える割合がほどほどに抑えられていなければならない。

だが、私は先ほど自国通貨を持つ国では、国債を貨幣と交換するマネタイゼーションが可能であると述べた。仮に国債のすべてをマネタイゼーションした場合、横断性条件は、

$$\lim_{t \to \infty} me^{-rt} = 0$$

となる。mは実質貨幣残高であり、この式は永遠のかなたにおいて実質貨幣残高の割引現在価値がゼロになる、という意味だ。

貨幣成長率（貨幣が増大する割合）がθ（シータ）で一定であるならば、この横断性条件は、

貨幣成長率θ － インフレ率π ＜ 金利r

の時に成立する。金利r＝主観的割引率ρ＋成長率gで長期的には（定常状態では）インフレ率π＝貨幣成長率θ－成長率gとなるので、この不等式は、

$$0 < \text{主観的割引率}\rho$$

と書き換えられる。ρはプラスなのでこの不等式は常に成り立つ。つまり、横断性条件は常に満たされるので、気にしなければならないのはインフレだけということになる。

以上の議論を簡単にまとめよう。均衡財政主義者は一般に、政府であろうとも「借金」を完済しなければならないと主張する。

ところが、主流派経済学の先端的な理論では、そのような単純な均衡財政主義をとる代わりに、横断性条件を用いる。そして、国債をすべて貨幣に換えた場合、この横断性条件は常に成り立つ。

したがって、主流派経済学にもとづいても自国通貨を持つ国がマネタイゼーションを行う限りは、気にしなければならないのはインフレだけということになる。この点だけに限ってみれば、結論はＭＭＴと変わらない。

一部の主流派経済学者が頑迷《がんめい》に均衡財政主義を唱えるのは、主流派経済学で用いられているこのモデルの特徴を理解していないからかもしれない。そして均衡財政主義にとらわれていては貨幣が増えず、経済成長が見込めなくなる。経済成長しないことが、一体どのような害悪をもたらすかは次章で検討したい。

第4章 脱成長の不都合な真実

1　完全雇用が達成されればよいのか

雇用保障プログラムとは何か？

前章で、MMTと主流派経済学の両方を参照しながら、日本のような自国通貨を持つ国では財政赤字それ自体は問題にならないということを論じた。

私はMMTの財政赤字に関する議論はおよそ正しいと思っているが、そのほかの論点や政策提言となると、かなりの疑問や違和感を抱いてしまう。

MMTの政策提言の主軸にあるのは、「雇用保障プログラム（Job Guarantee Program、JGP）」である。これは、希望する失業者をすべて政府が雇い入れて仕事をさせる制度だ。

JGPは、第一義的には完全雇用を実現する手段として考えられるが、MMTのユニークな点はこれに「ビルトイン・スタビライザ」の役割を与えたところにある。ビルトイン・スタビライザというのは、裁量的なコントロールに拠《よ》らない景気の自動安定装置を意味する。

例えば、景気がよい時には税収が増えるので、その分だけ可処分所得（税を取られたあとの実際に使えるお金）が減り、景気は抑制される。逆に、景気が悪い時には税収が減るので、その分だけ可処分所得が増大して、景気は活性化する。

同様に、ＪＧＰを導入した経済においては、景気が悪い時には多くの失業者がＪＧＰに参加することで政府支出が増大し、景気は活性化する。そして景気がよい時には、ＪＧＰの参加者が民間企業に移ることで政府支出が減少し、景気は抑制される。これがＭＭＴのビルトイン・スタビライザ機能である。

日本では、まるでＭＭＴが「ほどほどのインフレ率になるまで政府支出を行うべきだ」と主張しているかのように紹介されることが多いが、基本的にはそうではない。

人為的に財政支出を増やしたり減らしたり、あるいは増税したり減税したりして景気をコントロールすべきだと考えているわけではなく、政策提言としてはあくまでも、ＪＧＰによって完全雇用を実現しつつ、その自動的な調整作用によって、景気をコントロールすべきだと考えているのである。

雇用保障プログラムの問題点

しかし、ＪＧＰにはいくつかの問題点があると私は思っている。まず挙げられるのは、失業の増大に応じて、政府や自治体が仕事をつくり出すのであれば、無駄な仕事をもつくり出してしまう可能性が高い点だ。

そもそも雇用をつくり出すために仕事をつくり出すというのは転倒した考えだ。なすべき仕事があるから雇用がつくり出されるという順序でなければならない。この順序が逆さまだと、「ブルシット・ジョブ」(クソみたいな仕事、不要な仕事)までつくり出されてしまう。

本来、公共部門が担うべき重要な仕事は、景気変動とは関係なくなされるべきだ。だから例えば、介護士や保育士のような必要不可欠な仕事はJGPには向いていない。景気がよくなったからと言って急に彼らがいなくなったら困るからだ。可能な限り正規に雇用されるべきだろう。

とすれば、JGPに向いているのは、誤解を恐れずに言えば「必要不可欠ではない仕事」ということになる。

私は何もJGP的な制度に全面的に反対なわけではない。例えば、1日2時間ほど地域のゴミ拾いをするなどの誰でも参加できるプログラムがあってもよいように思う。だが、1日8時間のフルタイムの仕事を無理やり大量に提供しようとすれば、膨大なブルシットジョブが生み出されるのではないかと危惧している。

もう一つの問題は、ＪＧＰの景気を活性化する効果についてである。一般的には、租税によるビルトイン・スタビライザは十分には働かず、積極的な財政・金融政策が必要だと考えられている。同様に、ＪＧＰによるビルトイン・スタビライザも十分な効果をもたらす保証はない。例えば、失業者に一定程度の賃金を与えたからといって、それが十分な消費支出を促すだけの額に達するとは限らない。

ＭＭＴはＪＧＰのみでマクロ経済的な問題をすべて解決しようとしているわけではない。だが、景気の過熱に対して、どう対処すべきかといった議論は盛んに行ってきたものの、日本で長く続いたようなデフレ不況からどう脱却すべきかといった論点はそもそも重視していないのである。

したがって、ＪＧＰでは解決できない深刻な不況にどう対処すべきかといった問題に対する答えは、ＭＭＴから明確には得られない。それは、ＭＭＴがアメリカやオーストラリアで発展した経済理論であるので、仕方のないことではある。

本当に完全雇用を実現できるのか？

いま述べた、深刻な不況にどう対処すべきかという論点について、完全雇用さえ維持できれば十分な好況にならずとも問題ないと主張するＭＭＴｅｒ（ＭＭＴ派の経済学者やＭＭＴ支持者）もいるだろう。だが、そもそもＪＧＰを導入すれば、本当に完全雇用は達成できるのだろうか？

じつは、介護や保育といったエッセンシャルワークだけでなく、ギターを弾くとかサーフィンをするといった「仕事」もＪＧＰには不向きである。なぜなら、あまりみなが好んでやりたがるような楽しい仕事をＪＧＰに組み入れると、景気がよくなっても人々は民間企業へ移動したがらなくなるからだ。

民間企業の仕事のほうが給料が高かったとしても、ギターやサーフィンをして給料がもらえるのなら、ＪＧＰに参加し続けたほうがいいと思う人は少なくないだろう。そうするとビルトイン・スタビライザが機能しなくなるので、必然的にＪＧＰには、ほどほどに退屈な仕事や辛《つら》い仕事が組み入れられる必要がある。

その場合、ＪＧＰに参加して退屈な仕事や辛い仕事をするよりは、自分に合った充実した仕事を得るために就職活動に専念しようという人が現れてくるはずだ。

その人たちは就職活動をしているのだから、統計上失業者としてカウントされることになる。そうした失業者がいるような状態を完全雇用と言えるだろうか？

マクロ経済学の言う完全雇用とは、失業率がゼロという意味ではない。景気がどんなによい時でも、社会には常に転職中の人がいるからだ。仮に失業率が2％でも、マクロ経済政策によって景気をよくしたとして、それ以上失業率を低下させられない状態であれば、それは完全雇用である。

逆に言えば、マクロ経済政策によって失業率を下げられる状態であれば、それは不完全雇用なのである。そのような意味では、ＪＧＰの導入によって完全雇用が実現するとは言えない。

ＪＧＰに参加せずに就職活動している人たちは、景気がよくなれば、民間企業に就職しやすくなる。完全雇用を維持するためには、先に論じたようにＪＧＰだけでは十分に景気刺激効果を持たない可能性がある以上、ＪＧＰ以外の景気刺激策がどうしても必要になるだろう。

失業者が民間企業に就職したいと望むのは贅沢な話であって、ＪＧＰで我慢せよということであれば、ＪＧＰ以外の景気刺激策は必要ない。だが果たして、自分により適した職を求めて民間企業への就職を望むことは贅沢なことだろうか？

ＭＭＴｅｒがそれは贅沢ではなく当然の権利だと見なすのであれば、ＪＧＰ以外の景気刺激策や、民間経済の活性化を軽んじるわけにはいかない。経済成長を目指す必要はないと主張するＭＭＴｅｒすら存在するが、それは民間経済が活性化する必要はなく、人々が望む職に就く必要もないということを意味している。私にはそれが望ましいことには思えない。

2 デフレマインドが日本を滅ぼす

完全雇用で満足してはならない理由

一般的なケインズ主義者もまたＭＭＴ派と同様に、完全雇用を重視している。アフターコロナの日本経済にとって必要なのは、何より積極的な財政支出によって景気回復を図り、完全雇用を達成し維持することだ、という主張に多くのケインズ主義者が同意するだろう。

私がさらに付け加えたい大事な点は、たとえ完全雇用が達成できたとしても、それ以上の景気刺激策が不必要とは限らないということだ。ここには需要面から景気回復を図り民間経済を活性化して、人々が望む職に就けるようにするという先ほどの議論には留まらない論点がある。

２０２０年11月に、安倍晋三前首相が自民党の議員連盟の会合で、インフレ率目標の２％を事実上達成したと述べたことが話題になった。

安倍政権下の２０１３年に、政府と日銀は２％というインフレ率目標を掲げた。ところが、インフレ率が持続的に２％を超えることはなく目標は達成されなかった（消費税率の引き上げで一時的に２％を超えたに過ぎない）。いまでは、コロナ危機の影響でデフレに戻りつつある。２０２０年11月のインフレ率（生鮮食品除く消費者物価指数）は、マイナス０・９％である。

それでも、事実上達成したというのはどういう意味なのか？　そもそもインフレ率目標を掲げたのは完全雇用を達成するためであって、２０１８年に失業率が２・４％にまで下がって完全雇用と言えるような状態になったのだから、２％のインフレ率目標は達成されなくても問題ないということなのだろう。*

安倍氏の表現はともかくとして、完全雇用が達成されればインフレ率が低いままであっても構わないというのは、経済学の教科書に従えばまったく正しい。

恐れるべきマクロ経済的な現象は、失業とインフレであって、インフレなしに完全雇用が達成できたならば、これほどめでたいことはないと普通の経済学者ならば考える（その点はＭＭＴｅｒと変わらないかもしれない）。

だが、私は経済学の定説が疑わしいと感じたからこそ、経済学を本格的に研究して経済学者になろうと志《こころざ》した。特に、既存のマクロ経済学の理論では、平成の30年間に経験した長期停滞は解明できないと考えた（デフレ不況は１９９８年からの約20年間）。

長期デフレ不況の基本的な要因は、需要サイドにある。だとすれば、需要不足が長期にわたるという事態が、すでに既存の理論では説明できない。それに加えて教科書が説明してくれないのは、デフレ不況が長く続くと供給サイドにも問題が波及してくるという事態だ。

そういった事態が引き起こされるのは、労働者や企業経営者、そして政府までもが「デフレマインド」に浸ってしまうからだ。デフレマインドというのは、デフレ不況によってもたらされる「心の保守性」である。要するに、積極性やチャレンジ精神、思い切りのよさなどが失われて、守りに入ってしまうのである。

＊完全雇用を示す明確な指標は存在せず、2018年当時の日本経済が完全雇用と言えるかどうかは議論が分かれるところだ。

労働者と企業経営者のデフレマインド

長期デフレ不況の間に、労働者は失業を極度に恐れるようになり、リスク回避的に人生設計をし、起業を忌避《きひ》するようになった。その表れとして、若者の公務員志向が挙げられる。

高校生のなりたい職業ランキングで、公務員が男子の第4位、女子の第1位に入っている（ソニー生命保険による2019年の調査）。公務員はもちろん立派な職業だが、安定しているという理由から公務員になりたがる若者が増えているのであれば、それ相応にこの国から活力が失われていると言わざるを得ない。

経営者においては、従業員の賃金を引き上げることもなく、かといって新規事業に果敢に投資することもなくなってしまった。では、何にお金を使っているのかというと、何にも使っていない。内部留保という形でため込んでいるのである。ほかには、株主への配当を増やしたくらいであろう。

賃金は、一般に上方により伸縮的で、下方により硬直的と言われている。要するに、上げやすく下げにくいのである。時給1000円で雇われている人が、来月から950円です、と言われたら必死に抵抗するだろう。

ところが、デフレ不況が長く続くと上方にも硬直的になる。景気回復期に賃金を上げるのは可能でも、景気後退期に下げるのは難しい。だったら、景気回復期にも賃金を上げないでおこうという発想が、経営者に染みついてしまう。

インフレが続いていれば、景気後退期に賃金を下げなくても、据え置くだけで物価に対する賃金の価値が自然に減少し、企業の負担は軽くなる。時給は1000円で同じだったとしても、ジュースの値段が100円から200円に上がれば、それだけ賃金は相対的に低くなるということだ。しかし、デフレ時はそのような自然な調整作用が働かない。

また、新規投資を行わないことは、日本企業の相対的な衰退の原因となっている。平成元年の1989年に、世界時価総額ランキング20位以内に入っている日本企業は、NTTや住友銀行などをはじめ14社あった。

2019年5月時点では、世界時価総額ランキング20位以内に入っている日本企業は一つもなく、最高位のトヨタは47位に留まっている。ベスト5は、「ＧＡＦＡ」と総称されるアメリカの巨大ＩＴ企業とマイクロソフトだ。

１９９５年はインターネット元年であり、その年をＩＴ革命＝第三次産業革命の起点と位置付けることができる。ＩＴ革命が進行している最中に日本はデフレに陥り、日本企業は身動きがとれない状態に置かれた。かくして、日本企業はＩＴ革命に乗り遅れ、時代から取り残されることとなったのである。

デフレマインドで科学技術も衰える

バブル崩壊以降、政府もまた財政が逼迫《ひっぱく》していることを理由にケチ臭くなり、研究や教育、医療などの重要分野にも十分なお金を投じなくなっている。こうした緊縮主義から、いま述べたデフレマインドが政府にまで蔓延している様子を見て取ることも可能だろう。

政府が十分な基礎的資金「運営費交付金」を提供しなかったために、とりわけ地方の国立大学が資金難に陥り、科学技術に関する研究が困難になっている。

ｉＰＳ細胞のような注目を浴びている分野でも、政府の支援は十分ではない。ｉＰＳ細胞は、みなさんご存じのように京都大学の山中伸弥《やまなかしんや》教授の研究成果だ。山中教授は、この研究によって2012年にノーベル医学・生理学賞を受賞した。

だが、その後の研究成果に目を向けると、アメリカはこれまでにiPS細胞の研究に日本の10倍以上の予算を投じており、現在までに(2012~2019年)発表した論文の数は日本の約2・5倍にのぼっている。

研究者はその成果を論文で発表するので、論文の数が多いほど盛んに研究が行われていると見てよいだろう。アメリカは日本よりもiPS細胞の研究に関する成果を生み出しているのである。

自分の国で研究成果を上げなくとも、あとから研究成果を買って恩恵にあずかればいいのではないか、という考えもあり得る。だが、自分の国で最初に成果を上げたほうが、その分だけ早く商品やサービスを利用できるという点は見過ごせない。

例えば、日本は新型コロナウイルスに対するワクチンの開発が遅れているので、ファイザーやモデルナといったアメリカの製薬会社や、イギリスのアストラゼネカと購入契約を結んでいる。アメリカや中国はともかく、GDPが日本よりかなり低いイギリスのほうがワクチン開発が進んでいるという状況は、情けない事態と言わねばならない。

情けないという精神論で済めばよいのだが、実際にアメリカでワクチンの接種が始まってから、日本で接種が始まるまで2ヶ月程度のタイムラグが生じ、その2ヶ月の間に、日本は2度目の緊急事態宣言が出されるに至った。

幸い日本のほうが圧倒的にコロナの被害は少ないが、それでも救えるはずの命が失われたり、経済活動が停滞したりするという形で大きな損失が発生している。

研究開発費を潤沢に出したからといって、ワクチン開発がいまより進んだかどうかは定かではないが、緊縮主義がコロナ対策を脆弱《ぜいじゃく》にしている例はほかにもある。神戸大学大学院医学研究科教授で感染症の専門家の岩田健太郎氏はこう述べている。

感染症研究所は予算をカットされ、CDCは作られず、保健所は統合されました。つまり、キャパシティ・ビルディングを必要としていた日本は、むしろキャパシティを減らしてしまったのです。なお、このようなキャパシティ削減案は現在の自民党・公明党政権だけではなく、往時の民主党政権も主導しましたし、地方で言えば大阪維新の会なども積極的に行ないました。（岩田2020）

アメリカをはじめとする多くの主要国には、CDC（疾病予防管理センター）があって、感染症対策を一元的に管理しているが、日本にはない。

岩田氏の言う「キャパシティ」は、この場合、感染症に関する潜在的な対応力のことで、日本ではそれを減らしてきた。「土建国家」から「ドケチ国家」になった日本では、国民の命を直接守る医療という分野すら、お金を出し惜しみするようになったのである。

日本の人口当たりの新型コロナウイルス感染症による死者数はアメリカの23分の1ほどだ。欧米に比べれば格段に被害が小さいにもかかわらず、日本で医療体制が逼迫するなどということは、そもそもが奇妙なことである。その原因の一つが、政府の緊縮主義、すなわちデフレマインドにあるというわけだ。

出版不況の原因は何か？

デフレマインドの影響は、ここまで述べてきたことにとどまらない。教養や文化の衰退すら招き得る。

例えば、出版物の売り上げは昨今毎年のように下がっており、人々の教養に対する関心の低下が指摘されている。だが、バブル崩壊前までの日本は欧米とは異なり、中間所得層が文学全集を買い揃えたり、カントやヘーゲルの難解な哲学書を読んだりするような「特殊な国」だった。

カントやヘーゲルをどれだけの人が理解できたかは定かではないが、それでも多くの人が手にするほど、国民の教養志向が強かったのである。しかしデフレ不況がやってきて、金を得ることにばかり執念を燃やす人が増え、教養を身に付けるだけの余裕が失われてしまった。

もちろん、スマホの普及は出版不況をもたらした要因の一つであろう。だが、自己啓発本やビジネス書は相変わらず売れている。経済書や歴史書はそれなりに売れているが、哲学書や文芸評論といった実利的でなく小難しそうな本はからきしふるわない。

日本では、1980年代に「ニューアカデミズム（ニューアカ）」という哲学ブームが起きた。批評家の浅田彰《あさだあきら》氏が1983年に出版した『構造と力』が、10万部を超えるベストセラーになり、その火付け役となった。

翌年出版された浅田氏の『逃走論』に出てくる「スキゾ」と「パラノ」という言葉は、その年の新語・流行語大賞の銅賞になっている。教養主義がまだ残存していた古きよき時代の出来事である。

その後も出版界は、2000年にイタリアの哲学者アントニオ・ネグリとアメリカの哲学者マイケル・ハートによる『帝国』を売り出そうとしたが、一部の哲学・思想オタクが読むだけで、裾野にまで広がっていかなかった。

最近出版界が売り出し中なのは、マルクス・ガブリエルというドイツの哲学者だが、いまいち盛り上がっている様子がない。

例外は、２０１０年ごろのハーバード大学教授のマイケル・サンデルの『白熱教室』をめぐるブームである。ただし、これはＮＨＫがサンデルの講義を放映したことと、その書籍化された文章が教養の積み上げなしに読める、やさしいものだったことに起因する。

いまや「意識高い系」という言葉が定着しつつあるが、そこでいう「意識の高さ」とは、背伸びして小難しい本を読むような教養主義的なものではなく、世俗的に成功して有名になるとか金持ちになるといった実利的なものである。

時折、そういう人たちが何やら勘違いをして、私と一緒に酒を飲んで教訓やアドバイスを引き出したがる。一銭の得にもならない哲学的な議論ならいくらでも応じたいが、金儲けの秘訣とか人脈づくりのコツなどは、私は生憎《あいにく》まったく持ち合わせていない。申し訳ないことにそんな「意識低い系」の私は、酔っ払って与太《よた》話ばかりして、だいたい彼らをがっかりさせて終わってしまう。

ＳＮＳのプロフィールに「人脈」「アフィリエイト」などと書いているような意識高い系の出現というのは、それだけ日本が貧しくなった証拠だろう。裕福な家庭に生まれた子女が、プロフィールに「人脈」「アフィリエイト」などと書き込むだろうか？

私には、デフレ不況が日本を貧しくし、それゆえにお金にやたらと執着する人間が増え、その分だけ教養や文化が衰退したように思えてならない。

新国立競技場のザハ案が却下されたのはなぜか？

哲学書の売れ行きよりも、もう少しわかりやすい例を取り上げよう。東京オリンピック・パラリンピックの主会場とされる新国立競技場は、建築家隈研吾《くまけんご》氏のデザインで2019年末に開場した。

しかし国立競技場の建て替え計画が持ち上がった当初、新国立競技場のデザインは、イラク出身の建築家ザハ・ハディドの案にいったんは決まったものの、金がかかりすぎるからという理由でその後コンペがやり直しとなり、いまの形となった。

どちらのデザインがいいかは個人の好みの問題だが、ザハによるデザインの建築物が日の目を見なかったのは確かだ。私たちは、世界的建築家の作品を間近で見られる貴重な機会を失ってしまったのである。一方で、MMTにもとづいて政策を実施しているという噂のある中国では、空港や美術館といった建築物がザハのデザインによってたくさん建てられている。

もう一つの例として、『無法松の一生』という戦時中につくられた映画を取りあげよう。監督は稲垣浩《いながきひろし》で、脚本は伊丹万作《いたみまんさく》(伊丹十三《じゅうぞう》の父)だ。「オーバーラップ」という手法を駆使した映画で、世界的にも評価されている。

古い映画なのでフィルムは傷んでいたが、デジタル修復が行われ、2020年8月のベネチア国際映画祭で上映されたことが話題になった。修復にかかる資金を主に提供したのは、アメリカの映画監督マーティン・スコセッシが設立した「フィルム・ファウンデーション」という映画保存団体である。日本の政府や自治体はほとんど資金提供をしていない。

私はこのことを知った時、軽い憤りと大きな悲しみを覚えた。いまの日本は、自国の国民が世界的な作品と接する機会だけでなく、世界的に評価されている自国の文化を守ることにすら、金をケチるようになっていると感じたからだ。

古代ギリシャ文明やルネッサンス、日本の安土桃山《あづちももやま》文化、江戸時代の元禄《げんろく》文化、近代のヨーロッパ文明……。豊かな文化は、いずれも豊かな貨幣経済が背景となって生まれてきた。

もちろん貧しい地域や時代であっても、そこに貧しいなりの文化は芽生えるだろう。だが、豪奢《ごうしゃ》で高貴で洗練された彩《いろど》りのある文化は豊かさの中からでないと生まれにくい。

私たちの日本政府は平成のデフレ不況を解消するために、積極的に財政支出を増やし、国民の間に広がったデフレマインドの払拭《ふっしょく》を図るべきだった。だが、政府自らがデフレマインドに侵されて支出を惜しむようになった結果、経済や科学技術どころか、教養や文化すら衰退しつつある。果たして、そのような国に未来はあるのだろうか？

3　脱成長論とグリーン・マルクス主義

脱成長論とは何か？

積極財政（反緊縮的な財政）によりデフレ不況からの完全脱却を図り、インフレ好況状態を可能な限り持続させるべきだ。私はこれまで、そう繰り返し主張してきた。

それに対し、日本の左派・リベラル派は経済軽視の姿勢が根強く、「脱成長論」を振りかざす傾向にある。「脱成長論」は、もともと21世紀に入ってからフランスの思想家セルジュ・ラトゥーシュなどが唱えた思想だ。この思想は、搾取《さくしゅ》や環境破壊を生むという理由からグローバル資本主義に対して否定的である。

ただし、中身をよく見ると自然破壊をしないように消費を抑えるべきだとか、リサイクルを促進すべきだとか、再分配を強化すべきだとか言っているだけで、経済成長を真っ向から否定しているわけではない。言わば「人と地球に優しい資本主義」を目指しているのである。

それに対し、最近の日本の左派・リベラル派の界隈で横行している脱成長論は、ラトゥーシュのものとはかなり異なっている。それは「緊縮型脱成長論」とでも言うべきものだ。

日本経済はもはや成熟しているので、これ以上成長することは難しい。にもかかわらず、過度な財政出動や金融緩和によって無理に経済成長を目指せば、そのひずみが必ず、政府の財政破綻や日銀の破綻という形で現れる。それゆえに成長を諦めるべきだ、というのが緊縮型脱成長論の主旨である。

アベノミクスが財政・金融政策を含んでいたために、こうした脱成長論は安倍政権を嫌悪する傾向の強い左派・リベラル派によって余計に支持された。また、多くの野党が、明確に脱成長を掲げたわけではないにせよ、アベノミクスの逆張りをするかのように、積極的な財政・金融政策に対して否定的なスタンスをとった。

だが、財政・金融政策のようなマクロ経済政策を実施しないということは、失業や労働者の賃金低下をほったらかしにすることを意味する。そうした野党・左派勢力の緊縮的なスタンスが、2013年以降の安倍・自民党政権の一強状態を生み出した主たる要因となったのではないか。

2013年に立命館大学の教授で左翼を自任する松尾匡《まつおただす》氏は、野党・左派勢力に対してアベノミクスを超えるマクロ経済政策を打ち出すように提案した。

それについて松尾氏は、

安倍政権を上回る景気拡大策を訴えれば十分に勝機はあったはずなのに、一向に耳を貸してもらえず、それればかりか安倍政権の礼賛者呼ばわりされて叩かれるありさまでした。（松尾2020）

と悲痛な思いで述懐している。

グリーン・マルクス主義

ところがコロナ危機下の日本に、左派・リベラル派の腰の引けた緊縮型脱成長論とはまったく異なる、筋金入りの左翼思想にもとづいた脱成長論が彗星《すいせい》のごとく現れた。

かつては左翼の拠り所といったら、たいがいがマルクス主義であり、資本家が労働者を搾取する資本主義はけしからんので、革命によって社会主義に転換しなければならないという思想だった。だが、ソ連のような現実の社会主義国が崩壊すると、当然マルクス主義のほうも衰退していった。

それが近頃、マルクス主義はやや力を取り戻しつつある。というのは、搾取に代わって環境破壊という問題が広く共有されるようになったからだ。環境破壊を懸念して脱成長論が唱えられるだけでなく、マルクスの復権が図られるようになったのである。

資本家が配当や利子という形で不労所得を得る分、労働者が得られるはずの所得が減らされる。マルクス主義者が、それを搾取と呼んだところで、利子や配当は資本を提供する見返りだから不当な搾取とは言えないのではないかと考える人は多い。

だが、搾取に比べれば環境破壊のほうは、そんなに小難しい話ではない。地球温暖化によって人類が地球に住むことが難しくなれば、それが大問題であることは誰にでもわかる。

いまや「ぼくの地球を守って」という素朴な願いがマルクス主義と結びつき得るのである。これは言わば、「グリーン」（環境運動のシンボルカラー）と「レッド」（マルクス主義のシンボルカラー）の融合だ。本書では、この融合を「グリーン・マルクス主義」と呼ぶことにしよう。

私がグリーン・マルクス主義を初めて目にしたのは、文芸評論家で思想家の柄谷行人《からたにこうじん》氏による『ＮＡＭ――原理』（２０００）においてである。私は柄谷氏のファンであったことから本書を手に取ったが、ここに書かれたグリーン・マルクス主義的な議論は分量的にも多くはなく、さほど注目を集めることもなかった。

ところが、大阪市立大学准教授で経済・社会思想の専門家である斎藤幸平《さいとうこうへい》氏の『人新世の「資本論」』（２０２０）がベストセラーになり、グリーン・マルクス主義のバイブルになりそうな勢いである。先ほど、彗星にたとえたのはこの本のことだ。

「SDGsはまさに現代版『大衆のアヘン』である」といった過激でキャッチーな言葉が並んでおり、なぜ成長を断念する必要があるのかという疑問を解き明かす様が軽快でスリリングである。その上、文章が読みやすく、私はあっという間に通読してしまった。秀逸な本であり学生にも読ませたいと思っている。

ただし、この本の心意気に共鳴できる部分がありつつも、私は斎藤氏が批判する「加速主義」に近い考えを持っており、かなり立場が異なる（加速主義については後述する）。

加えて私は、柄谷行人氏の本を読んだ時から、グリーン・マルクス主義について、一つ大きな疑問を持っていた。というのも、グリーン・マルクス主義者は、環境を守りたいのか資本主義を打倒したいのか、どちらが目的でどちらが手段なのかわからないのである。

おそらくは、資本主義打倒が究極の目的で、環境を守るというのは資本主義打倒の口実ではないかということだ。この点は明らかにしておく価値のあることだ。

なぜなら、私の推測通りだとすると、資本主義を打倒したいあまりに、環境破壊の害悪をついつい多めに見積もってしまう可能性があるからだ。あるいは資本主義を存続させたまま、環境破壊を止める方法があったとしても、そういった方法に目をつぶってしまう可能性がある。

要するに、資本主義を打倒したいという情熱が、事実認識を歪めてしまう可能性がある。果たして実際のところはどうなのか。資本主義の存続は、本当に破滅的な環境破壊を不可避的にもたらすと言えるのだろうか？

地球温暖化は本当に害悪か？

そもそも地球温暖化が総合的に見て、人間にとって本当に害悪なのかどうかは、いま一度検証されるべきだろう。これまで多くの議論がなされてきたが、そこでは海面上昇による水没や台風・ハリケーンの大型化による被害といった温暖化のデメリットしか考慮に入れられていないことが多かったように思われるからだ。

もし、温暖化が地球環境のカタストロフ（破局）をもたらさない程度に留まるのであれば、温暖化によって失われる命がある一方で、助かる命があることにも考えをめぐらせるべきであろう。

歴史上、ヨーロッパで大きな危機を迎えたと考えられている世紀が三つあって、それぞれ「3世紀の危機」「14世紀の危機」「17世紀の危機」と称されている。いずれも地球規模の寒冷化によってもたらされたものであり、ヨーロッパだけでなくユーラシア大陸全域に影響を及ぼすほどの出来事だった。

最初の危機が訪れる前、すなわち2世紀くらいまで地球は比較的温暖であり、ユーラシア大陸の東では漢《かん》帝国、西ではローマ帝国の下で、人々は長い平和を謳歌《おうか》していた。ところが、2世紀後半に寒冷化が始まると遊牧騎馬民族が南下し、中国では三国時代・五胡十六国時代という混乱期に入った。一方のローマ帝国もゲルマン民族の大移動による混乱がもたらされ、滅亡への端緒が開かれた（岡本2018）。

14世紀と17世紀の危機の際は、いずれも地球規模で寒冷化による飢饉《ききん》が多発し、ペストが流行したことで知られている。ペストは、ヨーロッパでのパンデミックが有名だが、新型コロナと同様に中国（当時中国という国名はなく、いまの中国に相当する地域）が起源だと考えられている。

14世紀のペストは、モンゴル帝国のユーラシア制覇という「グローバル化」によって中国からヨーロッパに至るまで蔓延したのである。モンゴル軍が、カタパルト（石投げ器）で、ペストにかかったモンゴル兵士の死体を、黒海沿岸の都市カッファの城内に投げ込んだのが、ヨーロッパへの伝播《でんぱ》のきっかけとされている。

ペストは、中国でも人口の2分の1を死に追いやったと言われている。モンゴル帝国瓦《が》解《かい》の主な要因は、こうしたペストの流行に加え寒冷化による飢饉である。中国では荒廃した農村で反乱が相次いで、主導者の一人である朱元璋《しゅげんしょう》が元《げん》王朝を排撃し、代わりに明《みん》王朝を打ち立てた。

17世紀のヨーロッパでは、ペスト流行のほかに、魔女狩りの横行や三十年戦争などの混乱が巻き起こった。中国では飢饉による反乱がやはり続発し、主導者の李自成《りじせい》が明王朝を滅ぼしている。

このように人類の社会は一般に、寒冷期に混乱し、温暖期に繁栄する。暖かければ穀物がたくさん収穫できるので、暮らしやすいのは考えてみれば当たり前のことだ。現代においても温暖化が進んでシベリアが穀倉地帯になれば、より多くの人々を養えるようになるかもしれない。

マラリアや赤痢《せきり》、コレラなど、暑さゆえに蔓延しやすい感染症も確かにあるが、インフルエンザやコロナなどの寒さゆえに蔓延しやすい感染症もある。熱射病で亡くなる人もいれば、寒さで凍死する人もいる。冬には、脳梗塞や心筋梗塞も多発する。

一般的には、暑さよりも寒さのほうがより多く人を殺すと言われる。実際、日本でも図表4-1で表されるように、冬の寒い時期に最も死者が多い。なお、主要国で暑さ寒さに

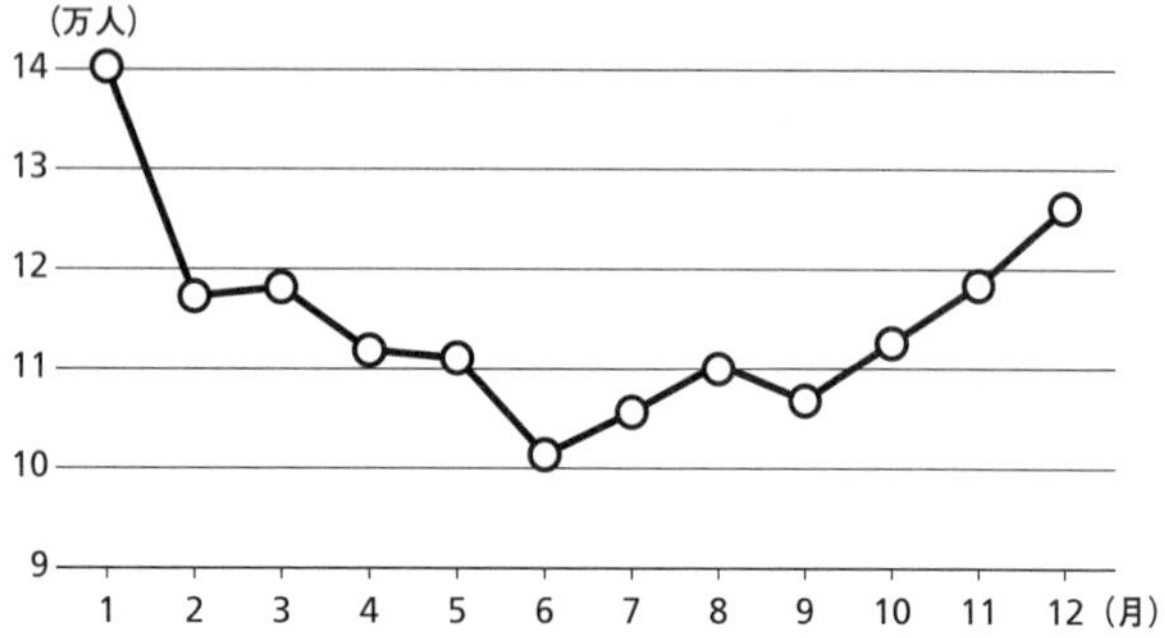

図表4–1　日本における死者数の月別推移（2019年）　出所：e-Stat

よる死者が最も少ない国は、赤道近くに位置するタイ王国だと言われている。

私は何も、地球温暖化が望ましいと断じているわけではない。海面上昇や台風・ハリケーンの大型化による被害を軽視してはならないだろうし、緩慢《かんまん》な気候変動ならともかくとして、急激な気候変動に人類は対応しきれないかもしれない。さらには、人類史の中で未だかつてなかったような高温の気候になる可能性もあり、温暖な時期に人類は繁栄したという経験則を当てはめることができなくなるかもしれない。

だから、二酸化炭素（CO_2）に代表される温室効果ガスの排出はさしあたって抑制されるべきだが、同時に温暖化が人類にとって本当に害悪かどうかの再検討は進める必要があるかもしれない。というのも、CO_2抑制が経済に大きなダメージを与えるという指摘もあり、第

1章で述べたように、経済は人の命にかかわるからである。

グリーン・ケインズ主義

グリーン・マルクス主義の論点は多岐に渡っているが、ここでは主要な論点であるCO_2の問題に絞り、その排出抑制が人類の生存にとって不可避だと仮定して話を進めよう。そう仮定したとしても、経済成長とCO_2排出の大幅な抑制を両立できるのであれば、グリーン・マルクス主義の妥当性は薄れていくだろう。

斎藤氏は『人新世の「資本論」』で、経済成長とCO_2排出を、技術革新によって「デカップリング」(分離)することは、不可能だと断じている。つまりマルクスの思想にもとづき、資本主義と環境破壊が分かちがたく結びついているかのような議論を繰り広げている。

だが、その一方で、資本主義をいまのまま存続させた場合でも、100年後にCO_2の「排出量ゼロを達成することは十分可能だろう」とも言っている。

資本主義が環境破壊をもたらしてきたのは事実だとしても、やがては破壊を軽減する技術が進み、経済成長とCO_2排出のデカップリングが可能となる。だが、100年後では遅過ぎるのであって、2050年にはCO_2の排出量を実質ゼロにしなければならない、ということだろう。

そうだとすれば、経済成長と環境破壊は不可分なのではなく、要するに技術革新を待っている時間的な余裕はない、ということが問題になる。

では、本当に技術革新では間に合わないのだろうか。斎藤氏は、政府が資金を提供して再生可能エネルギーなどの研究開発や普及を促進する「グリーン・ニューディール」でも間に合わず、カタストロフは避けられないと言う。

グリーン・ニューディールは、アメリカで１９３０年代の大恐慌の際にとられた財政政策「ニューディール」にちなんだもので、言わば「グリーン・ケインズ主義」を意味している。CO_2の排出を抑制しつつも、経済を活性化し雇用を増大させ経済成長を実現しようというわけだ。

電気自動車を普及させれば、その販売によってＧＤＰが増大するとともに、CO_2排出の抑制が可能であるかのように思われるかもしれない。しかし、これまでＧＤＰの増大に応じてCO_2排出量が増大してきたのだから、グリーン・ニューディールによる経済成長がうまくいけばいくほどCO_2排出量もまた増大するはずだ。そのように斎藤氏は論じている。

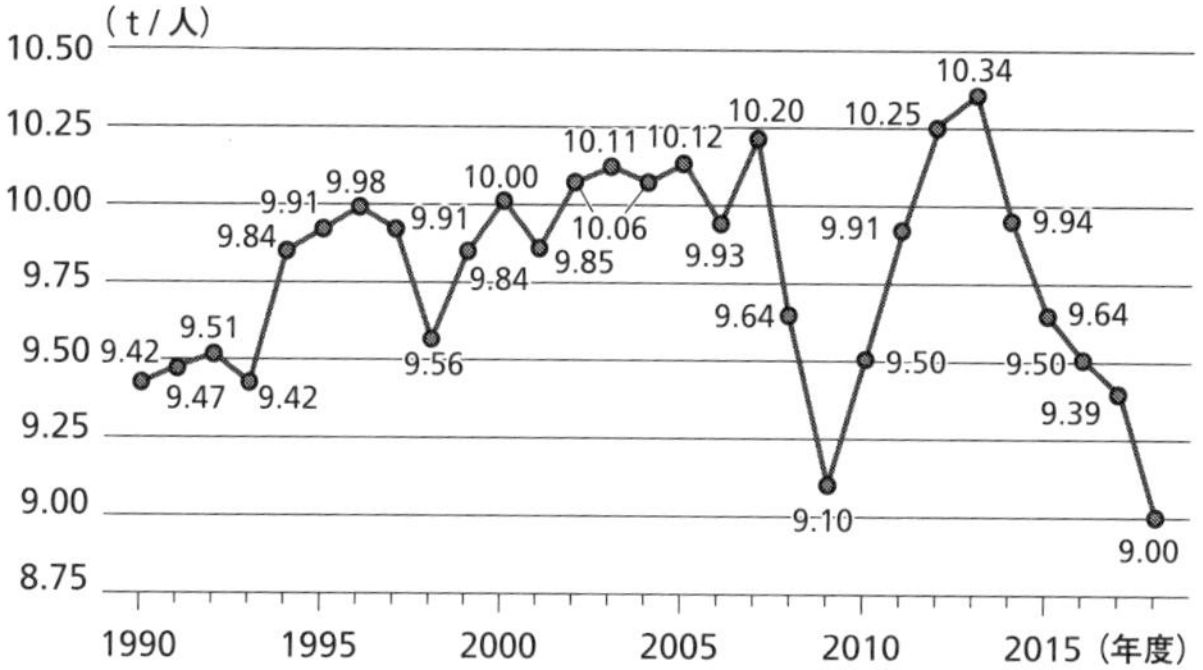

図表4–2　日本における一人当たりのCO2排出量の推移　出所：全国地球温暖化防止活動推進センター

経済成長と二酸化炭素排出のデカップリング

確かに、一般的にはCO_2排出量はＧＤＰの増大に応じて増大してきた。だが、その事実は、経済成長とCO_2排出のデカップリングが原理的に不可能であることを意味しない。時間的な問題ですらなく、すでにそれは部分的には可能になっている。

実際に日本では、２０１４年からCO_2排出量は減少している。主な原因は人口減少ではなく、技術革新によって省エネが進んでいることにある。したがって、図表４–２のように一人当たりで見ても排出量は減少している。

日本は平成の大半を経済停滞に悩まされてきたが、それでも２０１３年から２０１９年までの平均実質成長率は０・85％であり、マイナス成長が持続しているわけではない。日本はデカップリングを成功させた国なのである。

ちなみに、日本は1975年をピークにカロリー摂取量が減少している珍しい国でもある。多くの国々でGDPとカロリー摂取量は比例的な関係にあるが、両者のデカップリングも不可能ではないのである。

とはいえ、仮に斎藤氏が主張するように年10%ものCO_2削減が必要であるならば、省エネ技術の導入だけでは足りない可能性もある。

私たちは、電気自動車を購入するよりも何よりも、そもそも自動車の購入を減らすべきかもしれない。確かに、電気自動車であっても、製造過程ではCO_2を排出する。だが、物品の購入を控えることは、あとで述べるように経済成長の否定には必ずしもつながらない。

もしCO_2の排出を大幅に抑制したいのであれば、「炭素税」を本格的に導入するのが最も効果的だろう。炭素税というのは、石油や天然ガスなどの化石燃料に対し、炭素の含有量に応じて課される租税である。

日本でも2012年から炭素税(石炭・石油などの化石燃料に課される税金)が導入されているが、石油などの輸入に際して、CO_2排出量1トンあたり289円しか課税されていない。スウェーデンの約1万4400円に比べると税率は格段に低いのが現状だ。

2050年の「カーボンニュートラル」（CO_2排出実質ゼロ）を目指す菅《すが》政権の下、環境省は炭素税の税率を段階的に引き上げることを検討している。どこまで引き上げられるかはいまのところ不透明だが、重い炭素税が導入されたならば、それが価格に上乗せされることで自動車やジェット機の利用が減ったり、工業製品の生産量が減少したりする可能性がある。

もっとも、すでに日本では、サービス業がGDPの7割以上を占めており、工業は2割程度しかない。工業部門が縮小しても、サービス業がそれ以上に拡大すれば、全体としてGDPは増大することになる。物品の購入を控えることが経済成長の否定につながらないと述べたのは、このためだ。グリーン・マルクス主義の議論ではそうした点が見過ごされてはいないだろうか？

サービス業のうちでも観光業は移動を伴うので、CO_2の排出に加担する可能性がある。それでも、自家用車の代わりに電車などの公共交通機関を使えば排出量は抑えられる。

とはいえ、ただ炭素税を課すだけであれば、経済全体がシュリンク（収縮）し、サービス業も拡大しない可能性が高い。そこで、炭素税の税額を超える額の現金給付を行い、国民が持つお金を増やして消費を刺激することが必要になる。

つまり、「炭素税」と「現金給付」を組み合わせて導入することで、CO_2を排出するような消費を抑えるとともに、それ以外の消費を増やし、全体としてGDPを増大させるのである。具体的には、工業製品の購入は減少するかもしれないが、サービスの購入はそれ以上に増大するだろう。

これまで日本の財界は炭素税の本格導入に強く反対してきた。炭素税が導入されるだけでは、消費が冷え込んでしまい、財界にうまみがないので当然である。だから、現金給付と組み合わせれば、消費が刺激されてトータルで見れば得になるのだと、交渉のための材料にすべきだ。

私は、グリーン・マルクス主義者でもなければ、グリーン・ケインズ主義者でもない。強いて言えば、改良版のグリーン・ケインズ主義者というのが近い。

再生可能エネルギーの研究開発と普及を促進するような財政支出には肯定的だが、それを雇用創出や景気活性化の主軸にすべきだとは考えていない。あくまでも、景気活性化は主に現金給付によって行い、CO_2の排出削減は主に炭素税によって行うべきというわけだ。

ただし、再生可能エネルギーを利用しても、いまのところ生産過程でCO_2排出が不可避な鉄鋼業などでは、炭素税の軽減措置が必要かもしれない。そうした制度設計に関する細かい議論も避けられないだろう。

すでに物欲は減退し始めている

人間の欲望は果てしないから、工業製品を減少させることなど無理だ、と思われるかもしれない。ところが、すでに先進国では、何かを所有したいという欲望は減退し始めている。

シェアリングエコノミーの隆盛からもわかるように、いま流行《はや》りのビジネスは、「独占的な所有」ではなく「シェアリング」(共有)にかかわるものが多い。自動車でも、家でも、オフィスでも、自分だけで所有するのではなく、誰かと共有する時代になりつつある。一部の若者の間では、フリマアプリのメルカリで中古の服を買って、飽きたらまたメルカリで売るというライフスタイルが普通になりつつあるという。

あまり好きではないマーケティング用語だが、消費の重心が「モノ消費」から「コト消費」に移っていることは重要な変化だ。物品ではなく、楽しい体験に対して人々はよりお金を払うようになってきているのである。

この変化は、行動経済学の観点から言っても理にかなっている。というのも、人々はモノの所有よりも、コトの体験で持続的な幸福感が得られるという研究結果があるからだ。例えば、学生と話をしていても、彼らから自動車が欲しいという願望を聞いたことがない（お金がないから諦めているだけかもしれないが）。彼らが主に望むのは旅行や、ディズニーランドやＵＳＪ、あるいは美味しい料理を食べに行くことだ。スマホだけは頻繁に買い替えているが、物理的な大きさから明らかなように、自動車に比べれば資源浪費の程度は遥かに低い。加えて、スマホはカメラ（写真機）やビデオカメラなどを代替することによって、トータルで工業製品の消費を減少させる効果を持つ。

「炭素税」と「現金給付」の両方を導入すると、いまの学生が送っているような消費生活がさらに助長されるだろう。あるいは、人々はこれまで以上にスポーツジムやマッサージ店、ヨガ教室に通ったり、高度な医療や教育を受けたり、健康的で美味しい料理を食べたりするようになり、消費の言わば「脱物質化」がこれまで以上のスピードで進むようになるだろう。

健康的で美味しい料理は、必ずしも発展途上国の環境を破壊せずともつくることができる。日本の農業ＧＤＰは長らく減少傾向にあったが、２０１０年から反転して増大している。つまり、農業はいまや日本の成長産業となっている。

ＡＩやロボットを導入する「スマート農業」の普及によって、今後は人手を掛けずに農業を営めるようになるだろう。極端な話、北海道の農地を東京にいながらコントロールできるようになるかもしれない。

ＡＩやロボットなどの技術は農業だけでなく、小売や物流、建設などの生産活動をかなりの程度無人化する。余った人員は、ある程度インストラクターやマッサージ師、看護師などの機械に代替されにくい職業へと移動するだろう。

あるいは、人々はよりクリエイティブな仕事を行うようになるかもしれない。資源浪費を抑えながらそのような形での経済成長ができるとしたら、それは望ましいものと言えないだろうか。

反緊縮加速主義とは何か？

大変光栄なことに、斎藤幸平氏は「純粋機械化経済」という私の提唱した概念を以下のように取り上げてくださっている。

「労働からの解放」、「週十五時間労働」というキャッチフレーズが、バスターニのような加速主義のみならず、脱成長派のなかでも喧伝されている。そして、「純粋機械化経済」は魅力的に響く。だが、晩年のマルクスならこう付け加えるだろう。完全オートメーション化によって労働時間をどんどん短縮していって、労働をなくしてしまおうという極端な発想は問題含みである、と。労働からの解放を目指して、これ以上生産力を上げていくことは、地球環境に壊滅的な影響を及ぼすことになるからだ。（斎藤２０２０）

一般に「加速主義」は、１９９０年代にイギリスの哲学者ニック・ランドが主導した「サイバネティック文化研究ユニット」の活動の中から生まれた思想として知られている。一方で、その生みの親を20世紀フランスの思想家ジル・ドゥルーズとフェリックス・ガタリと見なす者や、マルクスにまで起源を遡る者もいる。

つまり加速主義は右にも左にもウイングを広げているが、いずれであっても資本主義のダイナミズムを加速させることで、その極限において資本主義からの脱出を図ろうとする思想である。「シンギュラリティ」（技術的特異点あるいは経済的特異点、未来における不連続な変化）を目指し、未来に向かって驀進しようというわけだ。

私が志向しているのは、言わば「反緊縮加速主義」だ。これは、国民にお金をばらまくような政策によって、需要の喚起とイノベーションを促進し、資本主義のダイナミズムを加速させて、資本主義を乗り越えようとする立場だ。

乗り越えた先にあるのは、直接的な生産活動のほとんどがオートメーション化された「純粋機械化経済」と、人々が遊んで暮らせるような「脱労働社会」である。

こうした方向性は、確かに問題含みだと自分でも思っている。一つには斎藤氏が指摘しているように、労働を減らし機械を導入した分、エネルギーの消費量が多くなり、CO_2の排出量が増大するという問題だ。

機械の動力源に石炭や石油などの化石エネルギーを使う限り、同じ作業を行うとしたら、人間よりも機械が行うほうが、遥かに多くのCO_2を排出する。人間の身体は、CO_2排出について言えば、化石エネルギーよりも遥かに効率的な動力源で動かすことができるからだ。

化石エネルギーではなく、再生可能エネルギーではどうか。再生可能エネルギーはそれ自体CO_2を排出しないという点では優秀だが、化石エネルギーに比べると「エネルギー収支比」が低く、莫大な需要に応えられないと斎藤氏は言う。

エネルギー収支比というのは、例えば石油であったら、その採掘等に掛かるエネルギーとそこから得られるエネルギーの比率を表している。その比率が1対5であれば、エネルギー収支比は5ということになる。

確かに、再生可能エネルギーの収支比はこれまで化石エネルギーに比べて低かったが、いまでは化石燃料とほぼ同等となっている。

しかも、化石エネルギーの収支比が年々低下しているのに対し、再生可能エネルギーの収支比は上昇しているのである。炭素税付きの反緊縮加速主義は、再生可能エネルギーに関するイノベーションをとりわけ促進するはずなので、このような収支比の上昇も劇的に加速するだろう。

カタストロフがすぐそこまで迫っており、時間がないのであればなおのことだ。脱成長に向けて経済システムの大転換を図るよりも、炭素税付きの反緊縮加速主義で臨むほうがスピーディで手っ取り早いのではないか。

反緊縮加速主義に関して私が最も心配しているのは、環境問題ではなく、むしろ労働問題である。人はすべからく労働しなければならない、という強固な「勤労道徳」が滅び去らない限り、脱労働社会は苦しみを生むばかりだ。

安定的な賃金労働が少なくなっているにもかかわらず、労働しなければならないという強迫観念にとらわれていたら、絶えず心苦しい思いをする羽目《はめ》に陥るからだ。

幸い日本では、ＡＩやロボットが本格的に人々の雇用を奪うようになるのは、２０３０年ごろからだと予想される。それまでにはかなり人々の労働観も変わっているのではないだろうか。それに短中期的に見れば、反緊縮政策は景気を活性化するので雇用を増大させるはずだ。

４　なぜ経済成長が必要なのか

経済成長と幸福の関係

勘違いをして欲しくないのだが、反緊縮加速主義は経済成長至上主義ではない。さしあたって私が言いたいのは、ＧＤＰが増大すれば何でもよいなどという考えはバカげているということだ。

重要なのは、反緊縮によって好況をつくり出すことや貧困層の暮らしぶりを豊かにすること。そして、加速主義によってＡＩやロボットなどの自動化技術を進歩させ、賃金労働

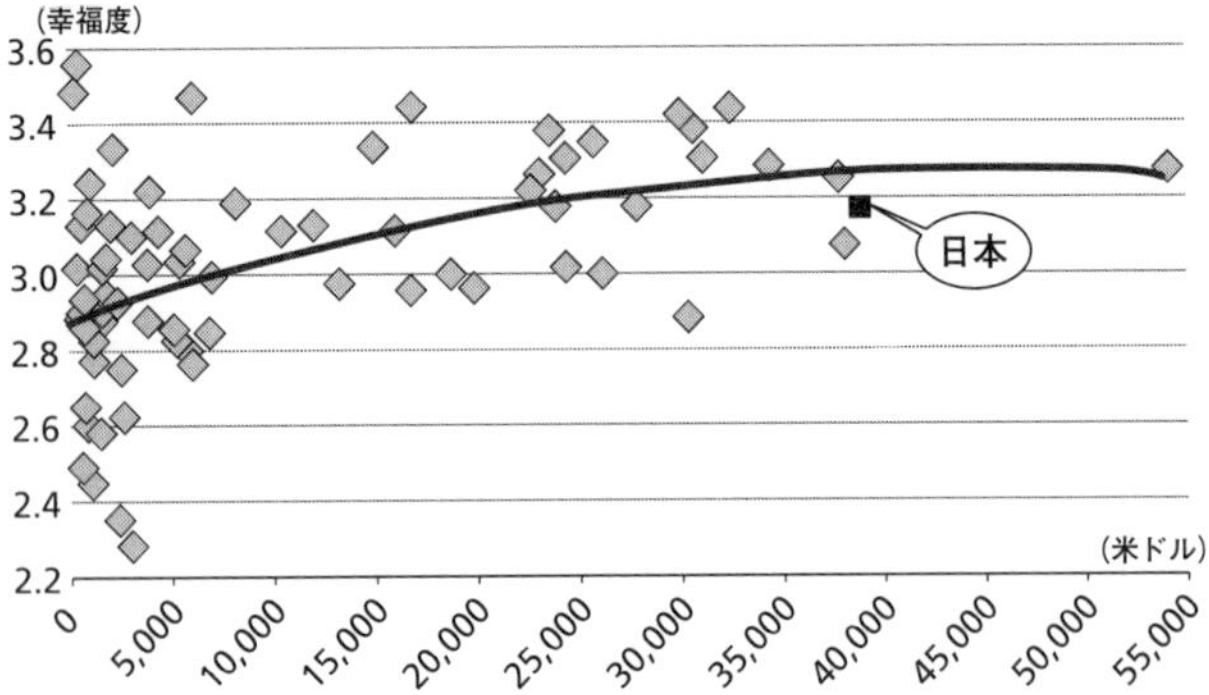

図表4–3　一人当たりGDPと幸福度の関係　出所：内閣府（2008）「国民生活白書 平成20年版」

にそれほど骨を折らずに余裕をもって暮らしていけるようになることである。

先進国においてGDPと幸福度の関係が単純ではないことは、行動経済学や幸福の経済学といった分野でもよく知られている。

有名なのは「イースタリンのパラドックス」だ。リチャード・イースタリンという経済学者が発見したので、そう名付けられている。

図表4－3のように、低所得国の中には幸福度の高い国もあるけれど、極度に幸福度の低い国がある。中所得国になると、極度に幸福度の低い国はなくなる。そうすると、所得が高ければ高いほど幸福度が高くなるかというとそうではなく、先進国同士を比較すると、所得の高い国ほど幸福度が高いとは言えなくなってしまう。

それにもかかわらず、先進国内の比較では、所得の高い人ほど幸福度が高い傾向にある。いったい所得と幸福度に関係があるのかないのか、よくわからないのでパラドックス（矛盾）というわけだ。

このパラドックスは、行動経済学の「参照点」という概念を用いることで解消できる。参照点というのは、比較対象という意味だ。

食うにも困るくらいに貧しい発展途上国では、不幸を感じている人々が多いので、豊かになれば人々の幸福度は単純に増大する。だが、先進国になり衣食住に困らなくなると、他人との比較が人々の幸福感に強く影響するようになる。

他人の所得という参照点があって、それよりも自分の所得が高ければ幸福感は強くなり、低ければ弱くなる。この場合の他人というのは、日本人にとってのアメリカ人やフランス人ということではなく、だいたいが隣近所の人とか会社の同僚のことである。

だから、先進国同士の比較では所得が幸福度に影響しないにもかかわらず、国内の人同士の比較では影響するようになる。ここからひとまずは、経済成長そのものを躍起になって目指したところで、その国の人々が幸福になれるとは限らないということが言えそうだ。

つまり、ＧＤＰの増大がその国に望ましい結果をもたらしているかどうかは、実態を見て判断する必要がある。人々がより健康で充実した幸福度の高い生活を送れるようになっているかどうかこそが重要というわけだ。

近代世界システムから考える

ところが安全保障を考慮に入れた場合、単純に経済力そのものを高めることが途端に重要になる。日本なら日本のＧＤＰを増大させる必要がある。なぜなら経済力は軍事力にすぐに転換できるからだ。

その場合でも、政府が穴を掘って埋めるような作業を労働者に課してＧＤＰを水増ししても意味がないので、ＧＤＰの中身は重要だ。だが、ごくおおざっぱには、経済を成長させなければならないと言えるだろう。例えば当たり前の話だが、アメリカの軍事力はその経済力に支えられている（科学技術力や組織力も重要なファクターとして挙げられるが）。

戦後あまりにも長く平和が続いたために、多くの日本人は国際社会でいかに熾烈《しれつ》な覇権争いが繰り広げられているかを想像することが難しくなっている。

17世紀の世界地図を広げると、ヨーロッパ以外のユーラシア大陸は、清《しん》朝中国やロマノフ朝ロシアなどの世界帝国（近世帝国）に支配されている。それに対してヨーロッパでは、その大地がアルプス山脈、ピレネー山脈、ドーバー海峡、アルデンヌの森などの自然の障害物で区切られているため、全土を支配する帝国が現れなかった。

その結果、絶対王政下の領域国家同士が覇権をめぐって血みどろの戦争を繰り広げる「諸国家併存体制」が果てしなく続いたのである。諸国家併存体制は、イギリス出身の歴史学者エリック・ジョーンズの言葉で、小国が乱立し覇権を争う状態を意味する。

アメリカの社会学者イマニュエル・ウォーラステインは、「諸国家併存体制」の代わりに「世界経済」という言葉を用いた。この「世界」とは、地球全体のことではなく、東アジア世界とかイスラム世界、ヨーロッパ世界といった各地域のことだ。

日常的な財の交換が行われているこのような広い地域のことを「世界システム」という。「世界システム」のうち、政治的統合のあるものが「世界帝国」であり、統合のないものが「世界経済」である。

世界経済は多くの場合、政治的に統合されて世界帝国に変質するが、近世ヨーロッパの世界経済は唯一統合を逃れ、やがて地球上のすべての諸地域を「包摂《ほうせつ》」するに至った。ウォーラステインは、それを「近代世界システム」と呼んでいる。

中国は、この近代世界システムに包摂される過程で、日本とは異なり半植民地状態に置かれて列強に分割された。香港は、1842年にアヘン戦争の講和条約にもとづいて中国からイギリスに割譲された。

当時の世界のGDPに占めるシェアは、中国は約29%、イギリスは約5%に過ぎなかった(1820年のデータによる)。それでも、中国はイギリスに打ち負かされた。

清朝という世界帝国を築いて安穏《あんのん》としていた中国に対し、16世紀以降のイギリスは近代世界システム内での絶え間ない戦争の中で、数百年に渡って軍事力とそれを支える科学技術力や組織力を高め、覇権国家となっていたからである。

日本は幕末にこの近代世界システムに包摂されて、中国同様にシステムにおける「周辺」という従属的な地位に追いやられそうになったが、明治維新を経てむしろ「中核」を目指して覇権争いに加わるようになった。

周辺は収奪される国々であり、中核は収奪する側だ。中核の中で覇権争いを勝ち抜き、最も支配的になった国が「覇権国家」である。

いまの日本人には、なぜかつて我が国が無謀な戦争に突き進んだかを理解するのは難しい。だが、それは近代世界システムに包摂されつつも欧米の支配を跳ねのけるために、進まざるを得ない必然の道だったとも言える。

あの無謀な戦争に私はもちろん否定的だが、このことは意識しておくべきだ。日本は戦争に負けることで覇権国家に上り詰める戦いを放棄したために、なぜ覇権国家を目指さざるを得なかったのかがわからなくなっている。それどころか、現代の国際社会の覇権争いの熾烈さを理解することもできなくなっている。

例えば、近年の中国が強権的になって国際的な孤立を深めていることについて、多くの日本人が彼らの行動を不思議に思っていることだろう。しかし、それは満州事変以降、国際的な孤立を深めながらも軍事行動を繰り返した、かつての私たちの姿と重なっている。

それらはすべて、「殺人ザル」から進化した私たち人類がつくった国家というものが、近代世界システムへ包摂される過程で生じた必然的な「狂気」なのである。私たちはこの「狂気」を前提に国際社会というものを考えなくてはならない。

日本の衰退と中国の勃興

今後のアメリカは、大統領がトランプ氏からバイデン氏に変わることで、極端な自国第一主義から国際協調路線へと表向きの方針を転換することになるだろう。それでも、米中の覇権争いは止むことがないどころか、ますますヒートアップする可能性はある。

例えば、アメリカは中国への技術流出の制限をさらに強めていくだろう。中国は、あらゆる国が中国との付き合いなしではすまないよう、戦略的に中国依存度を高めようとするだろう。

あるいは2030年までに、そこにインドが加わり、三つ巴《ともえ》の覇権争いに発展するかもしれない。インドは人口が多く、経済成長著しいばかりでなく、科学技術も急速に進歩させているからだ。

各国の科学技術水準を測るための指標の一つとして、論文数が挙げられる。現在、科学・工学分野の論文数が最も多いのは中国であり、アメリカ、インドと続いている。対照的に、かつてアメリカに次ぐ科学技術大国だった日本は、論文数でインドなどに追い越されて第6位に転落した。

平成の30年間、日本は停滞を続けてきたが、その間に経済ばかりでなく科学技術も衰退している。先に経済力は軍事力に容易に転換し得ると述べたが、科学技術力も同様である。これらの衰退は安全保障の上で致命的だ。

必ずしも直接的に軍事支出を増やす必要はないが、経済力と科学技術力まで失ってしまったら、いざという時に日本は中国に従属的に振る舞わざるを得なくなるだろう。

いまですら、香港政府が香港国家安全維持法を制定し（2020年6月）、それにもとづいて黄之鋒《こうしほう》氏や周庭《しゅうてい》氏といった民主化運動を行った人たちを逮捕・収監しても、日本政府は何も抗議できないでいる。

イギリスのジョンソン首相は、香港国家安全維持法について1985年の英中共同声明に反しているとして抗議した。しかし、この抗議はあまりにも無力である。

香港割譲から180年近くを経て、中国はついにイギリスの軍事力を恐れることがなくなった。だからこそ、イギリスが反発するであろう法律の制定も平然とやってのけたのである。

中国は戦後長らく潜在的には日本に対しても恐れを抱いていた。日中戦争時に日本軍の強さを目の当たりにした記憶が残っていたのだろう。だが、いまでは中国は日本を軍事的に恐れていないし、レアアース（工業製品の製造に必要な希少な物質）の輸出規制などによって経済的にも従属させようとしている。

香港国家安全維持法の制定によって、香港問題をめぐって中国政府を批判する日本人が、中国国内に入ったら逮捕されるという可能性も出てきた。この先、日本の国力がさらに弱まり、中国に対して軍事的に対抗できなかったり、経済的な従属関係に置かれたりするようになった場合、中国政府を批判する日本人の引き渡し要求さえ、日本政府は従わざるを得なくなるかもしれない。

あるいはまた、尖閣《せんかく》諸島などで日本と中国との間で軍事衝突が起こったら、蟻《あり》と象《ぞう》の戦いになってしまうだろう。今後、経済力や科学技術力が衰退した日本を中国がひねり潰すのは、赤子の手をひねるぐらい容易なことになるかもしれないのである。

「日本人」と「香港人」の意外な共通点

中国について書かれた記事や書籍を読むと、相変わらず多くの日本人が中国のことを侮《あなど》っているように感じてしまう。日本人もそうだが、欧米人も同様である。

そもそも「中国のような独裁国家は長くもたないだろう」という考えは、西側知識人の単なる願望に過ぎない。中国は、殷《いん》、周《しゅう》に始まる各王朝に支配され、西暦1000年ごろの宋の時代に、皇帝による独裁体制が確立し、それ以降清に至るまで、そうした体制が続いていた。

中国共産党も世襲制ではないものの、そうした王朝の一種としてとらえるべきであり、独裁体制は中国にとっては当たり前の政治体制と言っていい。1989年の天安門《てんあんもん》事件以降、自由や民主主義を求める声は急速にしぼんでいった。いまの大半の中国人は政治的自由を希求していない。望んでいるのは、経済的豊かさや、経済活動の自由である。

中国人ももっと豊かになったら、政治的自由を希求するようになると考えるのは、欧米中心の単線的な歴史観に過ぎない。私たちはその手の欧米中心主義から脱却しなければならない。

それに、仮に中国人が政治的自由を希求するようになったところで、その声は戦車によって踏みつぶされる以前に、AI技術によって封じられるだろう。街頭カメラをAIで解析して国民を監視する巨大システム「天網《てんもう》」が、中国全土に広がりつつあるからだ。天網は、中国の古典『老子』の「天網《てんもう》恢恢《かいかい》疎《そ》にして漏《も》らさず」からとっている。天はどんな悪事も見逃さないという意味だ。実際に中国では、犯罪も反乱も起こりにくくなっている。

「中国は独裁体制だから発展しない」というのも西側知識人にありがちな偏見だ。皇帝による独裁体制が確立した宋代は、中国が経済、科学技術、文化の面で世界的に最も優位だった時代の一つである。

シンガポールは、長らく事実上の一党独裁体制を敷いているが、一人当たりGDPで日本を追い越し、いまでは日本の1・5倍以上になっている。自由主義と民主主義が最終的に勝利するというのは、少年漫画やハリウッド映画で最終的には必ず主人公側が勝利して悪役が打ち倒されるのと同様の、西側知識人に好まれる「物語」に過ぎないのである。

中国経済はバブルであり、もうじき崩壊して衰退するというのも、その手の物語の一つだ。日本の右派の論客などがそう言い続けてもう20年くらい経つが、一向にバブル崩壊による衰退は起らない。むしろ、衰退しているのは日本のほうだ。

そうした右派の論客は、中国衰退論を唱えるとともに「日本スゴイ論」を展開するが、虚しいばかりだ。左派はそもそも平和ボケしているのに対し、右派はいまだに日本が「進んだ国」と思い込んでおり、いずれも中国を脅威と見なしていない。

中国人は、日本人を「井の中の蛙《かわず》」だと言っている。もともとこれは中国の古典『荘子』に出てくる言葉で、中国でも一般的に使われる。日本人は自分たちの国を科学技術力の優れた先進国と思い込んでいるが、実際はいくつもの分野で中国に追い抜かれていることを知らないだけなのである。

新型コロナワクチン一つをとっても、日本はアメリカやイギリスばかりでなく中国にも後れをとっている。日本の医療技術は、世界の最先端ではなかったのだろうか。

そして中国人は、日本人と香港人は似ているとも言う。香港人もまた香港を中国本土よりも先進的な地域と見ているが、隣の深圳《しんせん》のほうがよっぽど進んでいる。日本人同様、知らぬは香港人ばかりというわけだ。

中国人はおごっているのだろうか。(もちろん人によるが)そうではなく、彼らは世界の国々の科学技術をいまだに貪欲に吸収しようとしている。逆に、中国から科学技術を学ぼうという日本人はまだ少数派だ。それだけ私たちは、歪《ゆが》んだプライドを持ち続けて「日本スゴイ論」を捨て切れていないのである。

「夜郎自大《やろうじだい》」というのも、もともと中国の言葉で、広い世界を知らず自信過剰であることを意味する。清朝中国は夜郎自大に陥っていたがために列強の食い物にされ、日本は謙虚に欧米の科学技術や制度を取り入れた。いまではその逆に、日本がかつての清朝中国のように夜郎自大に陥っている。

中国の一党独裁体制や経済が崩壊する可能性がないわけではない。だが、それは必然ではない。私たちがなすべきなのは、中国の衰退や崩壊を祈ることではなく、自国の経済力や科学技術力を高めて、いざという時のために備えておくことではないか。

日本と中国が平和共存することも、もちろん不可能ではない。しかし、それが日本にとって「奴隷《どれい》の平和」にならないようにするためには、経済力と科学技術力を高めておくことが必要不可欠なのである。

私たちはもっと豊かになっていい

本章ではまず、JGPによって雇用さえ保障されれば、それ以上の景気刺激策は必要ないという一部のMMTerの考えを批判した。人々は単に雇用されたいのではなく、自分に合った仕事がしたいし、働きたい企業（などの組織）で活躍したいからだ。

そのためには、第2章で紹介した「変動ベーシックインカム」のような景気刺激のための現金給付によって民間経済の活力を最大限に引き出すべきだ。

次に環境破壊をもたらすから経済成長を止めるべきだという、グリーン・マルクス主義についても批判的に検討した。CO_2排出削減と経済成長は両立し得るからだ。

さらに、中国などの周辺国と伍《ご》していくために、経済力と科学技術力を高めることが必要だと述べた。脱成長論は、いまの日本で採用すべきとは思われない。

だからと言って、私は日本が強国になることを政府の第一の目標にすべきだと考えているわけではない。むしろ貧困問題の解決などという比較的簡単なことは、政府はもう当たり前のように済ませてしまうべきだ、と言いたいのである。

第2章で述べたように、BIを導入すれば、貧困問題の完全な解決は可能だ。月7万円の給付では十分と言えないが、この額は経済成長に合わせて8万円、9万円と増やしていける。

経済成長に合わせた給付額増大によって、いずれ貧困は消滅する。そして、貧困を消滅させるだけでなく、平均的な国民の生活レベルをも上昇させられるのである。

環境問題を鑑みると、工業製品の消費量を増大させることは望ましくないかもしれない。だが、人々がこれまで以上に多くのサービスを享受するのは悪いことではなかろう。すなわち、スポーツジムやマッサージ店、ヨガ教室に通ったり、高度な医療や教育を受けたり、より健康的で美味しい料理を食べたりするようになるのは否定されるべきではない。

脱成長論者は、それを贅沢と言って批判するのだろうか。私たちの生活はもっと貧しく慎《つつ》ましくあるべきだと主張するのだろうか。日本で流行の脱成長論はそういう「清貧の思想」のような意味合いを持っているため、私には賛成できない。

日本で脱成長論を唱えている知識人は、たいがいがお金持ちだ。彼等は大学からの給料のほかに、講演や本の印税で副収入を得ているし、昼間からフレンチを食べたり、高級車を乗り回したりしている人もいる。

そういう人たちの「私たちはこれ以上の豊かさを望むべきではない」という主張は警戒すべきだろう。そういった主張を鵜呑《うの》みにして、豊かさを望むことに罪悪感を覚えるようになる人もいるかもしれない。

しかし、そんな罪悪感を抱く必要などない。私たちはもっと豊かになっていいのである。私が「反緊縮加速主義」というドライブ感のあるキャッチコピーを掲げるのは、そういった罪悪感を払拭するためでもある。

先に見たように、経済成長が幸福をもたらすとは限らないが、結局は中身次第だ。若者たちは、工業製品を買うのではなく、楽しい体験をするという消費行動にすでに向かいつつある。資本主義は確かに問題含みかもしれないが、経済成長そのものは肯定的にとらえられてしかるべきではないだろうか。

おわりに

2019年から2年間、アメリカのストックトン市で行われた「ベーシックインカム（BI）」に関する実験によると、BIの受給者は心身ともに健康になり、フルタイムの労働者が大幅に増大したという。そして彼らは、給付されたお金のたった1％すらタバコや酒類の購入に充てなかった。

『「現金給付」の経済学』という本書の書名から、このようなBIの実験から得られた「行動経済学」的な内容が全編にわたって書かれているのではないか、とイメージした読者が多かったかもしれない。

私も、いま日本で行われているBIの実験プロジェクトにかかわっているので、いずれ人々の振る舞いや心理に焦点を合わせた「現金給付の経済学」を書籍としてまとめることになるだろう。おそらく、そこでは貨幣というものが持っている「人をエンパワーする

（力を与える）不思議な魔力」が明らかになるはずである。

しかし、いまの日本でより議論されるべきなのは本書で展開したような「マクロ経済学」的な論点だ。なぜなら現金給付の実験は学問的には興味深いが、その結果はＢＩを導入するか否かの判断にはさほど影響しないからである。

例えば、実験によって、どの程度の額の現金給付が、どの程度労働意欲を低下させるのかが明らかになったとしよう。それでも、労働意欲の低下は供給の減少を通じてインフレをもたらすのだから、過度のインフレにならない程度に現金給付を行うべきだという本書の結論に変わりはない。

そして、どの程度の額の現金給付がどの程度のインフレをもたらすかを知るには、給付対象を限定した実験ではなく、一国全体で実際に給付を行うしかない。

だから、とにかくＢＩを導入しよう、というのが私の主張だ。月1万円とか3万円からのスタートで構わないので、国民全員に現金給付を行い、インフレ率を見ながら給付額を調整していくべきである。

本書では、ＢＩのような現金給付が国民生活の安定に資するだけでなく、景気をコントロールする手段としても適切だということを明らかにした。さらに財政上の問題もないということを論じた。

本書が多くの人々に読まれ、ＢＩ導入の弾《はず》みになれば幸いである。ここまで読み通してくださった読者のみなさんに感謝したい。

個別に感謝の意を伝えたい人はたくさんいるが、ここでは本書を執筆するにあたり、直接助言をくださった方とリサーチなどの作業を手伝ってくださった方に留めたい。それは、朴勝俊先生、品川俊介先生、都築栄司先生、渡部貴紀さんである。

最後に、本書を企画してくださった、担当編集者の山北健司さんにも感謝の気持ちを捧げたい。

井上　智洋

２０２１年３月

主な参考文献

・井上智洋・山森亮・荻上チキ（２０１７）「なぜ今、ベーシックインカムなのか?」シノドス（https://synodos.jp/economy/20372/2）

・岩田健太郎（２０２０）『僕が「ＰＣＲ」原理主義に反対する理由——幻想と欲望のコロナウイルス』集英社インターナショナル新書

・岡本隆司（２０１８）『世界史序説——アジア史から一望する』ちくま新書

・斎藤幸平（２０２０）『人新世の「資本論」』集英社新書

・内閣府（２００８）『国民生活白書　平成20年版』

・朴勝俊・シェイブテイル（２０２０）『バランスシートでゼロから分かる　財政破綻論の誤り』青灯社

・松尾匡（２０２０）「90年代的リベラルは菅政権の新自由主義の『加担者』になりかねない」現代新書（https://gendai.ismedia.jp/articles/-/77182）

・Standing, Guy (2017) Basic Income: And How We Can Make It Happen, Penguin Books Ltd, London.（池村千秋訳『ベーシックインカムへの道——正義・自由・安全の社会インフラを実現させるには』プレジデント社、２０１８）

井上智洋　いのうえ・ともひろ
駒澤大学経済学部准教授。経済学者。
慶應義塾大学環境情報学部卒業。
IT企業勤務を経て、早稲田大学大学院経済学研究科に入学。
同大学院にて博士(経済学)を取得。2017年から現職。
専門はマクロ経済学、貨幣経済理論、成長理論。
著書に『人工知能と経済の未来』(文春新書)、
『ヘリコプターマネー』『純粋機械化経済』(以上、日本経済新聞出版社)、
『AI時代の新・ベーシックインカム論』(光文社新書)、
『MMT』(講談社選書メチエ)などがある。

NHK出版新書 653

「現金給付」の経済学
反緊縮で日本はよみがえる

2021年5月10日　第1刷発行

著者　井上智洋　
発行者　森永公紀
発行所　NHK出版
〒150-8081 東京都渋谷区宇田川町41-1
電話 (0570) 009-321(問い合わせ) (0570) 000-321(注文)
https://www.nhk-book.co.jp (ホームページ)
振替 00110-1-49701

ブックデザイン　albireo
印刷　新藤慶昌堂・近代美術
製本　藤田製本

 ISBN978-4-14-088653-3 C0233

NHK出版新書好評既刊

632
人類の選択
「ポスト・コロナ」を世界史で解く
佐藤 優
コロナ禍を歴史的に分析し、国際情勢と日本の未来を展望。複数の選択肢に揺れるコロナ後の世界と人間の生き方に確固たる指針を示す！

633
名著ではじめる哲学入門
萱野稔人
哲学とは何か。アリストテレスで「人間」の本質を抉り、ハイデガーで「存在」の意味を知る。複雑化する世界を新視点で捉える実践的学び直しの書。

634
イノベーションはいかに起こすか
AI・IoT時代の社会革新
坂村 健
日本よ「変わる勇気」を持て。世界に先駆けIoTのコンセプトを提唱した稀代のコンピューター学者が、私たちの社会の進むべき道を指し示す。

635
マルクス・ガブリエル 危機の時代を語る
丸山俊一
＋NHK「欲望の時代の哲学」制作班
人気番組のニューヨーク編から、大反響だった「ガブリエルと知の最前線5人との対話」をまるごと書籍化！ コロナ直後の緊急インタビューも収載！

636
「冴える脳」をつくる5つのステップ
ゆっくり急ぐ生き方の実践
築山 節
日々の不調に加え、コロナ禍で脅かされる生活や健康。現代人が抱える不安に適切に対処できる「脳」のつくり方を、ベストセラーの著者が解説。

637
家族のトリセツ
黒川伊保子
親子関係から兄弟、夫婦関係まで。イライラやすれ違いの具体例を挙げながら、「脳の個性」を理解し、「最も身近な他人」とうまく付き合う方法を伝授！

NHK出版新書好評既刊

独裁の世界史　本村凌二
なぜプラトンは「独裁」を理想の政治形態と考えたのか？　古代ローマ史の泰斗が2500年規模の世界史を大胆に整理し、「独裁」を切り口に語りなおす。
638

はやぶさ2　最強ミッションの真実　津田雄一
世界を驚かせる「小惑星サンプル持ち帰り」を完璧に成功させたプロジェクトの中心人物が描く、スリルと臨場感にあふれた唯一無二のドキュメント！
639

愛と性と存在のはなし　赤坂真理
私たちは自分の「性」を本当に知っているか？　既存の用語ではすくい切れない人間存在の姿を、作家自身の生の探求を通して描き出す、魂の思索。
640

渋沢栄一　「論語と算盤」の思想入門　守屋　淳
答えのない時代を生きた渋沢の行動原理とはなんだったのか。その生涯と思想を明快に読み解き、偉業の背景に迫る。渋沢栄一入門の決定版！
641

家族と社会が壊れるとき　是枝裕和　ケン・ローチ
貧困や差別に苦しむ人々や、社会の見過ごされがちな側面を撮り続けてきた映画監督ふたりが、「不平等な世界」との向き合い方を深い洞察で示す。
642

空想居酒屋　島田雅彦
酒場放浪歴40年、料理歴35年の小説家が、理想の居酒屋を開店した？　「文壇一の酒呑み&料理人」が放つ、抱腹絶倒の食エッセイ！（レシピ・カラー付）
643

NHK出版新書好評既刊